Zum See
ging man zu Fuß
Wo die Dichter wohnen

1°
APRILE
2018
—
13
GENNAIO
2019
DA «SOTTO LA RUOTA» ALLO ZEN
HERMANN HESSE E IL GIAPPONE
2
Museo Hermann Hesse
Montagnola
H Hesse

RAINER MORITZ

Zum See ging man zu Fuß
Wo die Dichter wohnen

Spaziergänge von Lübeck bis Zürich

FOTOGRAFIEN
ANNA AICHER

KNESEBECK

INHALT

VORWORT

Lange Zeit galt es als verpönt, sich zu sehr um die Lebensumstände von Dichterinnen und Dichtern zu kümmern. Wo sie lebten, schrieben, litten oder sich wohlfühlten – das schien für die Lektüre ihrer Werke unerheblich. Diese Haltung hat sich seit einiger Zeit grundlegend verändert. Vielerorts werden inzwischen Literaturreisen angeboten, die dazu einladen, auf Elena Ferrantes Spuren in Neapel oder auf denen von James Joyce in Dublin zu wandeln. In vielen Städten hat man begriffen, welcher Schatz, nicht nur aus touristischen Gründen, zu heben ist, wenn man sich um die literarische Vergangenheit kümmert.

Literatur ist von den Bedingungen, unter denen sie entsteht, nicht zu trennen. Wir erschließen sie leichter, wenn wir wissen, welche Landschaften und welche Städte prägend für die Autoren waren, und denken dann vielleicht an Goethes Verse aus dem *West-östlichen Divan:* »Wer das Dichten will verstehen,/Muss ins Land der Dichtung gehen;/Wer den Dichter will verstehen/Muss in Dichters Lande gehen«.

Keineswegs immer sind es dabei nur erfreuliche Erfahrungen mit den Kindheits- und Jugendorten, die die Biografien bestimmen. Manch einer muss seine Heimat verlassen, muss sich wütend oder verletzt abkehren, um zu sich zu kommen und so vielleicht die Kraft zu gewinnen, in der Ferne über die Heimat zu schreiben.

Dieser Band geht auf eine Reise zu vierzehn inspirierenden, faszinierenden Orten, erzählt von ihren prominenten literarischen Bewohnern und erlaubt es dank Anna Aichers Fotografien, die Bilder im Kopf zu konkretisieren. Er berichtet davon, wie sich diese Dichterstätten im Werk spiegeln, was von ihnen heute noch zu sehen ist, und möchte dazu verleiten, den Wegen, die ich gegangen bin, selbst zu folgen und sich aufs Neue mit den verhandelten Schriftstellerinnen und Schriftstellern zu befassen.

Vertrautes und Unbekanntes wurde berücksichtigt. Da gehen wir mit Franz Kafka durch sein Prag der Jahrhundertwende, streifen mit Fernando Pessoa durch die Lissabonner Unterstadt, lesen Kurt Tucholskys Liebesgeschichte *Schloss Rheinsberg* mit anderen Augen, stöbern in Anna Seghers' Bücherschrank, staunen über Gerhart Hauptmanns Weinlager auf Hiddensee, feiern Weihnachten in Lübeck mit den Buddenbrooks, lassen es uns nicht nehmen, ins schweizerische Niederbipp zu fahren, wo Gerhard Meier sein Leben verbrachte, erfahren, welche Pariser Plätze und Straßen für Marcel Prousts *Auf der Suche nach der verlorenen Zeit* bedeutsam waren, verharren an Hermann Hesses Grab im Tessin, lassen den Zürcher Architekten Max Frisch zu Wort kommen, versuchen uns von den Touristen die Freude an Hans Christian Andersens Meerjungfrau in Kopenhagen nicht verleiden zu lassen, sitzen mit Justinus Kerner und seinen Freunden unterhalb der Weinsberger Burgruine Weibertreu beisammen, gehen mit Arthur Schnitzler durch den Türkenschanzpark in Wien und begleiten die junge Ingeborg Bachmann an den Wörthersee: »Zum See ging man zu Fuß.«

Vielleicht ergeht es manchem so wie mir, nachdem diese Reiseetappen hinter mir lagen: Kaum nach Hause zurückgekehrt, ging ich an den Bücherschrank und las mit neuer Lust Andersens *Hässliches Entlein*, Pessoas *Buch der Unruhe*, Ingeborg Bachmanns Erzählungen, Schnitzlers *Jugend in Wien* oder Hesses *Klingsors letzter Sommer* … und war mir sicher, sie mit einem Mal besser zu verstehen.

Rainer Moritz
Im Januar 2019

»Wer den Dichter will verstehen
Muss in Dichters Lande gehen.«
JOHANN WOLFGANG VON GOETHE

UNAUFHÖRLICH BLÄST DAS MEER

GERHART HAUPTMANN UND HIDDENSEE

»Zehn Uhr früh. Die Feriengäste aus Baabe, Binz und Usedom überfluten die Insel. Sie kommen in großen Pulks von den Schiffen herab, dicht aneinandergedrängt« – so beschreibt der Hiddensee-Besucher Hanns Cibulka in seinem Tagebuchaufzeichnungen *Sanddornzeit* von 1971, was sich während der Saison bereits damals auf der Insel abspielte, und zieht ein leicht resigniertes Fazit: »Man ist immer unterwegs, von einer Insel zur anderen. Moderner Tourismus.« Unschwer lässt sich erahnen, was der 2004 verstorbene Cibulka heute anzumerken hätte, wenn er sähe, wie sich sommers im kleinen Rügener Fischerort Schaprode kaum ein Parkplatz finden lässt und die Fähre hinüber nach Hiddensee überzuquellen droht. Rügen und Hiddensee waren schon zu DDR-Zeiten beliebte Ziele für den Ostseeurlaub, nachzuhören in Nina Hagens populärem Schlager *Du hast den Farbfilm vergessen* (»Hoch stand der Sanddorn am Strand von Hiddensee ...«), doch nach der Wende entwickelte sich das ungleiche Inselduo schnell zum gesamtdeutschen Anziehungspunkt.

Ende des 19. Jahrhunderts war nicht abzusehen, welche Beliebtheit Hiddensee einmal erlangen würde. Reiseführer bezeichneten die langgestreckte, nicht einmal 20 Quadratkilometer große Insel als »elend«. Um zu ihr zu gelangen, musste man oftmals ausgebootet werden, und erst Ende der 1920er-Jahre zog elektrisches Licht in die Siedlungen ein. Hiddensee genießt bis heute den Ruf einer Künstlerinsel, und die Liste der Literaten, Schauspieler, Wissenschaftler und Künstler, die als Hausbesitzer, Langzeitgäste oder Sommerfrischler in den letzten einhundert Jahren das Gästebuch der Insel füllten, ist kaum zu überblicken, reicht von Albert Einstein, Ernst Heckel, Otto Mueller, Else Lasker-Schüler, Friedrich Murnau, Thomas Mann, Mascha Kaléko, Anna Seghers bis zu Otto Sander und Günter Grass, dessen Frau Ute von der Insel stammt.

Kein Künstler ist jedoch derart eng verbunden mit Hiddensee wie Gerhart Hauptmann, und kaum einer hat Hiddensee, nachzulesen bei Rüdiger Bernhardt, literarisch so vielfältig verarbeitet. Im Juli 1885 nutzte der 22-Jährige einen Rügen-Aufenthalt zu einem Abstecher nach Hiddensee in kleiner Männerrunde – der Beginn einer intensiven Beziehung, die zu Lebzeiten erst 1943 mit dem letzten Besuch endete. Hauptmann übernachtete beim ersten Mal in Kloster, im Gasthaus Schlieker, und fühlte sich gleich zu einem Gedicht inspiriert, zur *Mondscheinlerche*, dessen zweite und dritte Strophe so klingen: »Mondschein liegt um Meer und Land / dämmerig gebreitet; / in den weißen Dünensand / Well' auf

Vorausgehende Seite: Hiddensees Leuchtturm

Welle gleitet. // Unaufhörlich bläst das Meer / eherne Posaunen; / Roggenfelder, segenschwer, / leise wogend raunen.«

Hauptmann ist, von anfänglich längeren Unterbrechungen abgesehen, immer wieder nach Hiddensee zurückgekehrt, zum Inselbewohner geworden und hat freundlicherweise 1935, anlässlich seiner Goldenen Hochzeit mit Hiddensee, einen Slogan geprägt, der sich bis heute als Werbemittel einsetzen lässt: »Hiddensee war das geistigste aller deutschen Seebäder.« Was Hauptmann auf der entlegenen Insel suchte, war offensichtlich: »Der erste Eindruck, den man von Hiddensee empfing, war der von Weltabgeschiedenheit und Verlassenheit. Das gab ihm den grandiosen und furchtbaren Ernst unberührter Natur und dem Menschen, der in dieses Antlitz hineinblickte, jene mystische Erschütterung, die mit der Erkenntnis von den Grenzen seines Wesens und der menschlichen Kultur überhaupt verbunden ist.«

Eine Vielzahl seiner Werke verfasste Hauptmann hier und beobachtete mit Skepsis, wie sich sein Refugium zum »Capri der Ostsee« wandelte, all seine Befürchtungen in den Wind schlagend: »Nur stille, stille, dass es nicht etwa zum Weltbad werde.« Dass sogar das Nacktbaden auf der Insel Einzug hielt, sorgte für Kontroversen. Während sein Freund Oskar Kruse die skandalösen Vorgänge mit dem Fernstecher beobachtete und die Unmoral zur Anzeige bringen wollte, freute sich Hauptmann an den Stranddarbietungen und nahm die »vielen schönen, oft ganz nackten Frauenkörper« als Vorlage für seinen Roman *Die Insel der großen Mutter* (1924).

Elf Jahre gingen nach seinem ersten Inselbesuch ins Land, ehe er 1896 mit seiner Geliebten und späteren zweiten Ehefrau Margarete wieder nach Hiddensee kam und in Vitte Quartier nahm. Es folgten viele Sommerurlaube – 1901 etwa mit seinen drei Söhnen aus erster Ehe oder von 1916 bis 1920 auf der »Lietzenburg« in Kloster, einer prachtvollen Jugendstilvilla, die sich der Holzhändler und Kunstmaler Oskar Kruse 1904 hatte bauen lassen. Für seine berühmte Schwägerin, die Puppenkünstlerin und -fabrikantin Käthe Kruse, war Hiddensee der »Inbegriff des Schönen«, und auch ihr jüngster Sohn Max, Autor der *Urmel*-Kinderbuchreihe, kehrte mit einem späten Werk, den *Ponys von der Insel*, noch einmal nach Hiddensee zurück. In der 2013 von Grund auf sanierten Lietzenburg kann man sich heute als Feriengast einquartieren.

Gerhart Hauptmann genoss durch die Heirat mit seiner ersten Frau Marie Thienemann früh finanzielle Unabhängigkeit, und alsbald erwies sich überdies

»Hiddensee war das geistigste aller deutschen Seebäder.«
GERHART HAUPTMANN

sein literarisches Schaffen als einträglich. Seine dem Naturalismus zugerechneten sozialkritischen Stücke wie *Die Weber* oder *Der Biberpelz* entwickelten sich zu immensen Bühnenerfolgen, aber auch das heute weitgehend vergessene Märchendrama *Die versunkene Glocke* wurde zu Hauptmanns Lebzeiten so oft gespielt wie kein anderes seiner Stücke. Er erhielt erste Preise und Orden, und als er 1912, ein Jahr nach der Uraufführung der *Ratten*, den Nobelpreis für Literatur bekam, nahm er eine singuläre Stellung unter Deutschlands Dichtern ein.

Früh dachte Hauptmann daran, sich ein Pendant zu seinem 1901 bezogenen herrschaftlichen Wohnsitz »Wiesenstein« im schlesischen Agnetendorf zuzulegen, und suchte auf Hiddensee nach einer geeigneten, ihm angemessenen Bleibe. Sein Plan, die Lietzenburg zu kaufen, scheiterte, sodass er gezwungen war, sich weiterhin einzumieten – etwa im »Haus am Meer« in Kloster, das seit 1952 die heute vom Greifswalder Institut für Zoologie betriebene Vogelwarte beherbergt. Als Pension erlebte es im Sommer 1924 einen einmaligen Aufmarsch literarischer Patriarchen, das Gipfeltreffen zwischen Hauptmann und Thomas Mann. Was als geselliger Ferienaustausch gedacht war, geriet schnell zum Kampf der Eitelkeiten. Thomas Mann musste schweren Herzens einsehen, dass die monarchischen Verhältnisse auf Hiddensee eindeutig geregelt waren: »König« Hauptmann sprach

Kein Künstler ist derart eng verbunden mit Hiddensee wie Gerhart Hauptmann, und kaum einer hat Hiddensee literarisch so vielfältig verarbeitet.

man auf gemeinsamen Spaziergängen ständig an, wohingegen für ihn lediglich eine Statistenrolle blieb. Seine Ehefrau Katia hielt in ihren Erinnerungen *Meine ungeschriebenen Memoiren* zudem eine weitere zum Himmel schreiende Ungerechtigkeit fest: Während die Manns mit den »übrigen Gästen im Speisesaal zu essen« hatten und nur »sehr mäßiges Essen« bekamen, seien Hauptmann »köstliche Speisen« auf seinem Zimmer serviert worden – wie immer das die eingeschnappte Thomas-Mann-Gattin festgestellt haben mag.

Im Herbst 1924 erschien übrigens Manns *Der Zauberberg*, und für die grobschlächtige Figur des trinkseligen, schwadronierenden Mynheer Peeperkorn stand recht offensichtlich Gerhart Hauptmann Modell – was dieser bei der Lektüre wütend bemerkte. Die Randnotiz »Dieses idiotische Schwein soll Ähnlichkeit mit meiner geringen Person haben?« zeugt davon. Hauptmann erkannte dessen ungeachtet die Bedeutung des Romans, und die Fehde der Kontrahenten wurde alsbald ad acta gelegt. Von weiteren gemeinsamen Urlaubsreisen ist jedoch nichts bekannt.

1930 erfüllte sich endlich Hauptmanns Traum vom Immobilienbesitz auf Hiddensee. Von der Gemeinde Kloster erwarb er für 32.000 Reichsmark das (damals) allein stehende Haus Seedorn, das sowohl über einen Ostsee- als über einen Boddenblick verfügte. Für die Bedürfnisse des Dichters reichte der Platz freilich nicht aus, und so wurde der Architekt Arnulf Schelcher damit beauftragt, im Winter 1930/31 das Haus um einen Anbau mit Arbeits- und Speisezimmer zu erweitern. Nun wohnte Hauptmann repräsentativ und komfortabel, wobei es zu den nicht unwichtigsten Annehmlichkeiten des Hauses gehörte, dass der Keller

Im Haus Seedorn

genügend Platz bot, um Wein zu lagern. 450 Flaschen lagen da in Tonröhren bereit, darunter vor allem die Lieblingsweine »Ihringer Winklerberg«, »Rüdesheimer Berg Schlossberg« und Assmanshäuser Rotwein. Den alkoholischen Vorrat über den Bodden auf die Insel zu schaffen war kein geringes Unterfangen, und die Einheimischen wussten genau, dass der Ankunft des Weines bald die Ankunft ihres Dichterkönigs folgen würde. Abend für Abend traf sich Hauptmann mit Freunden zu Philosophie- und Weingelagen, die oft erst weit nach Mitternacht endeten. Zwei Flaschen Wein am Tag seien für Hauptmann keine unüberwindbare Hürde gewesen.

Heute befindet sich im Haus Seedorn (Kloster, Kirchweg 13) das 1956 eingerichtete Gerhart-Hauptmann-Haus, das weitgehend Originalräumlichkeiten zeigt. Arbeits-, Wohn- und Schlafzimmer, Kreuzgang und Weinkeller, Wohndiele und Terrasse, versehen mit Kunstwerken, die Hauptmann für seinen Sommerwohnsitz selbst anschaffte – das Sommerhaus ermöglicht es, die Arbeits- und Alltagswelt des berühmten Dichters nachzuempfinden. 2012 kam ein moderner Literaturpavillon hinzu, der den Eingangsbereich mit dem historischen Gebäude verbindet. Ausstellungen, Konzerte und Lesungen halten das Museum lebendig, und wer durch den Kreuzgang schreitet oder das Stehpult umkreist, spürt, dass Hauptmann vielleicht der letzte deutsche Dichter war, der sich als Dichter inszenierte. Günter Kunert spottete über den »Do-it-yourself-Olymp«, den sich Hauptmann da errichtet habe, und auch Hanns Cibulka wird angesichts der Ausmaße des Hauptmann'schen Arbeitszimmers nachdenklich: »Wie bescheiden

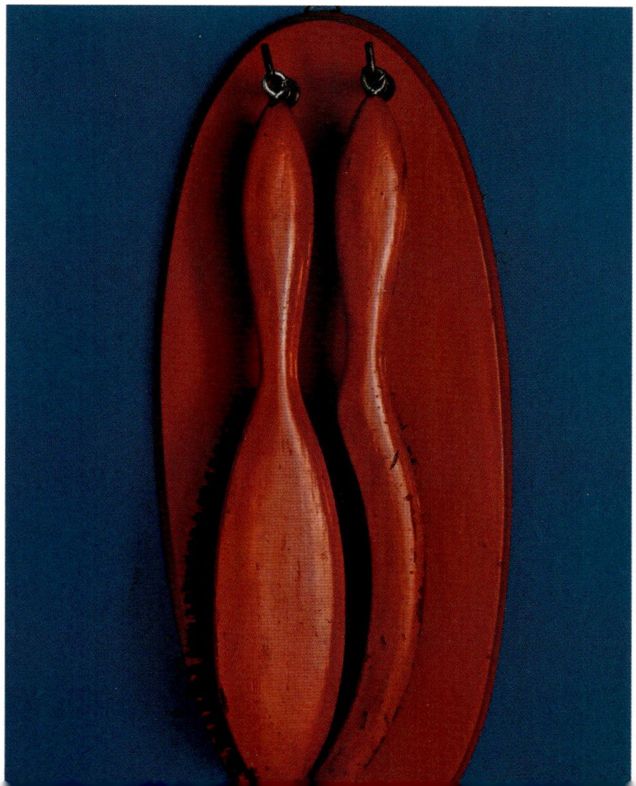

waren doch die Arbeitsräume seiner großen Zeitgenossen. Ich erinnere mich an das einfache Zimmer von Rainer Maria Rilke im Schlösschen Muzot, an den Arbeitsraum von Hugo von Hofmannthal in Rodaun bei Wien.«

Auf diese Weise war für die Sommermonate alles eingerichtet, und Hauptmann richtete seinen Tagesablauf nach einem festen Rhythmus. Arnold Gustavs, der über fünfundvierzig Jahre als Inselpfarrer wirkte, mit dem Dichter auf vertrautem Fuß stand und sich bisweilen auch für »niedere« Arbeiten, das Entsorgen der ausgetrunkenen Weinflaschen etwa, nicht zu schade war, hielt in seinem vielfach aufgelegten »Heimatbuch« *Die Insel Hiddensee* fest, dass Hauptmann »frühmorgens zwischen sechs und sieben« an den Strand ging, sich nach dem Frühstück »mit einem Notizbuch in der Hand« zu Spaziergängen aufmachte und erst nach Mittagessen und Siesta zur Arbeit schritt: »Um 5 Uhr war Teestunde, wobei Hauptmann Kaffee trank, der seine Gedanken besser ins Rollen brachte. Dann arbeitete Hauptmann etwa zwei bis drei Stunden unterunterbrochen. Unterdessen musste absolute Ruhe im Haus herrschen.« Der Abend schließlich, so Gustavs, gehörte der »Geselligkeit«. Zu den Einheimischen hielt Hauptmann meist Distanz; als volksnaher Dichter erlebte man ihn nicht, zumal er darauf achten musste, aufdringliche Besucher von seinem Haus fernzuhalten.

Ja, es ist eine Crux mit Gerhart Hauptmann und seinem Nachleben. Seine naturalistischen Theaterstücke gehören zum Kanon und werden regelmäßig aufgeführt; seine Novelle *Bahnwärter Thiel* zählte lange Zeit zum gymnasialen Pflichtlektüreprogramm. Sein umfangreiches späteres Werk ist, machen wir uns nichts vor, vor allem literatur- und kulturhistorisches Zeugnis, wenngleich Hauptmanns nachgeborener Kollege Hans Pleschinski 2018 in seinem Roman *Wiesenstein* ein eindrucksvolles Plädoyer für das wenig gelesene Spätwerk Hauptmanns hielt. Dass Pleschinskis produktive Rezeption eher eine Ausnahme darstellt, hat viel damit zu tun, wie sich der »König von Hiddensee« in seiner Rolle gefiel. Er hat selbst viel dazu beigetragen, dass es schwerfällt, ihn als modernen Autor wahrzunehmen und sich nicht an Äußerlichkeiten zu stören. Fotos zeigen Hauptmann, wie er in Franziskanerkutte auf die Ostsee blickt oder sich bei »Produktivspaziergängen« die Denkerstirn zerfurcht. Dass er seinen Ehefrauen und Sekretärinnen (wobei Erstere den Job der Letzteren oft in Personalunion ausübten) sogar diktierte, wenn er im Strandkorb residierte, trägt ebenso zur Erheiterung bei wie seine Anstrengung, sich im fortgeschrittenen Alter Goethes Physiognomie anzunähern. Und nicht

zuletzt hat Hauptmanns unentschiedene Haltung zum Nationalsozialismus nicht dazu geführt, dass sich Leser und Schriftsteller ihm nach 1945 eifrig zuwandten. Bei kaum einem anderen deutschen Dichter bedarf es einer so großen Anstrengung, das Werk vorurteilslos zu lesen, gerade da, wo es einem sehr fremd erscheint.

In der Saison herrscht im Hauptmann-Haus reger Besucherverkehr. Von da ist man in ein paar Schritten am Strand oder, wenn man sich links wendet, auf dem Inselfriedhof. Am 6. Juni 1946 starb Hauptmann, der zuvor im Februar 1945 noch Zeuge der Bombardierung Dresdens geworden war, in Agnetendorf. Seinem Wunsch gemäß überführte man ihn nach Hiddensee, wo er Ende Juli beigesetzt wurde. Das Grab hinter der Kirche ist leicht zu finden. Ein 1951 enthüllter wuchtiger Findling trägt nur – gestaltet von dem Grafiker und Bühnenbildner Emil Preetorius – in Großbuchstaben den Namen des Toten. Auch Ehefrau Margarete fand hier die letzte Ruhe. Efeu rankt sich über die Grabstätte – eine Pflanze mit historischen Wurzeln: Als Hauptmann 1932 die USA bereiste, schenkte man ihm den Ableger eines Efeus, den George Washington selbst gepflanzt haben soll. Hauptmann setzte ihn an der Terrasse von Haus Seedorn ein; heute bildet er die schlichte Zierde seines Grabs.

Es lohnt sich, über den kleinen Friedhof zu streifen. Oskar Kruse liegt hier, der Regisseur Walter Felsenstein – und die Tänzerin Gret Palucca, die bis zu ihrem Tod 1993 ihr Sommerhaus in Vitte bewohnte. Vergebens sucht man auf dem Friedhof nach einer der berühmten Bohémienne der Inselgeschichte: Die Stummfilmdiva Asta Nielsen verbrachte von 1929 bis 1936 die Sommermonate in Vitte,

in ihrem »runden Paradies«, das Joachim Ringelnatz so bedichtete: »Fischerhütten, schöne Villen / Grüßen sich vernünftig freundlich / Steht ein Häuschen in der Mitte, / Rund und rührend zum Verlieben. / ›Karusel‹ steht angeschrieben. / Dieses Häuschen zählt zu Vitte«. Das »Karusel« ist seit 2015 ein kleines Museum, das an Asta Nielsen und seinen Erbauer, den Architekten Max Taut, erinnert. 1936 kehrte die Schauspielerin Hiddensee endgültig den Rücken und in ihre dänische Heimat zurück. Die »kleinen Jungen in braunen Hemden«, die nun stramm die Insel durchquerten, wollte sie nicht ertragen.

Und nicht zuletzt: Auf dem Friedhof in Kloster liegen die Gräber des Physikers Robert Rompe und, von Musiknostalgikern gern besucht, seines Stiefsohns Aljoscha Rompe, der in den 1980er-Jahren die DDR-Punkband Feeling B gründete. Zuvor hatte er in der heute wohl bekanntesten Lokalität Hiddensees, der Gaststätte und Pension Zum Klausner, als Kellner gearbeitet. Wer sich dem System der DDR entziehen wollte, nahm gern Zuflucht auf Hiddensee, im entfernten Zipfel der Republik, wo der sozialistische Alltag durchlässiger war und von wo man die Freiheit, die dänische Insel Møn, zumindest sehen konnte.

Obwohl Gerhart Hauptmann Hiddensee vor allem als »flaches Eiland« sah, sollte man auf keinen Fall versäumen, sich von Kloster aus Richtung Norden zu begeben, bergan zum Dornbusch, wo sich die höchste Erhebung, der Bakenberg mit seinen stolzen 72,7 Metern, und ein Leuchtturm auftun. Von da ist es nicht weit bis zur vielbesuchten Gaststätte Zum Klausner, die man kaum wegen seiner kulinarischen Köstlichkeiten aufsucht. Christoph Hein hat sie in seinem Roman *Der Tangospieler* (1989) verewigt, und einen dauerhaften Platz auf der literarischen Landkarte ist ihm seit Lutz Seilers mit dem Deutschen Buchpreis ausgezeichneten Roman *Kruso* (2014) gewiss, der Aljoscha Rompe ein feines Denkmal setzt. Auf den Spuren von *Kruso*, der im Sommer/Herbst 1989 spielt, lassen sich mittlerweile Inselrundgänge buchen. Wo der Klausner heute steht, kehrten die Besucher bis 1910 in der Bergwaldschenke »Eremitage auf Tannhausen« ein, die der eigenwillige, in Mönchskutte und mit einem Esel über die Insel ziehende Einsiedler und Schriftsteller Alexander Ettenburg betrieb. Aber das ist eine andere Geschichte, eine von so vielen aus dem Fundus des »geistigen« Hiddensee ...

»Mondschein liegt um Meer und Land
dämmerig gebreitet;
in den weißen Dünensand
Well' auf Welle gleitet.«

Aus: Gerhart Hauptmann: *Die Mondscheinlerche.*

EMPFEHLUNG:
Wer Hiddensee verlässt und mit der Fähre nach Schaprode auf Rügen zurückkehrt, braucht oft eine Stärkung – am besten erhältlich in Schillings Gasthof direkt am Hafen. Seit vier Generationen ist das bestens besuchte Restaurant (mit angeschlossenem Hofladen) in Familienbesitz. Endet für Familie Schilling der vor allem in der Saison rege Arbeitsalltag, strebt man nach Hause – mit dem Boot. Denn Schillings wohnen einen Steinwurf weit entfernt auf ihrer Insel, der Insel Öhe, wo sie eine Rinderzucht (Blonde d'Aquitaine, Limousin) mit rund 150 Tieren betreiben. Je nach Verfügbarkeit stehen so, neben Hiddenseer Kutterfisch, Burger und Steak vom Öher Rind auf der Schilling'schen Speisekarte.

ZUM WEITERLESEN:
Rüdiger Bernhardt: *Hiddensee. Auf den Spuren von Gerhart Hauptmann.* – Gustav Erdmann: *Führer durch die Gerhart Hauptmann-Gedächtnisstätte Kloster auf Hiddensee.* – Bernd Erhard Fischer: *Gerhart Hauptmann auf Hiddensee.* – Ute Fritsch: *Künstlerkarte Hiddensee.* – Unda Hörner: *Auf nach Hiddensee! Die Bohème macht Urlaub.*

Rechts: Die Hiddenseer Inselkirche zu Kloster

EIN APFEL VON DIESEM BAUM

THOMAS MANN UND LÜBECK

Die Honoratioren einer Stadt schmücken sich gern mit den Künsten. Ständig wollen sie nicht an Ex- und Import, an Steuereinnahmen, Straßenbau, Fußgängerzonen und Übernachtungszahlen denken, sondern sich lieber gelegentlich an dem erfreuen, was ihre Heimat an Kunst, Musik oder Literatur hervorgebracht hat. Doch bedauerlicherweise sind die Damen und Herrn Künstler oft widerspenstig, erinnern sich mit Schrecken an ihre Jugend und lesen bei Festansprachen den Stadtvorderen gern die Leviten. So knirschen die Honoratioren heimlich mit den Zähnen und tun so, als würden sie alle offenen oder versteckten Schmähungen nicht hören, wohl wissend, dass große Künstler Magneten für den Tourismus sind.

Thomas Mann und Lübeck – das ist so eine eigentümliche Liaison, die, geht man heute durch die Stadt, eine unverbrüchliche zu sein scheint. Erst ein Blick in die Geschichte zeigt, dass sich die Lübecker viele Jahre mit ihrem »großen Sohn« schwertaten. Noch im Frühjahr 1955, als man sich entschloss, Thomas Mann anlässlich seines 80. Geburtstags die Ehrenbürgerwürde zu verleihen – eine Auszeichnung, die, wie die »Lübecker Nachrichten« schrieben, von Peinlichkeiten begleitet war: »Die Sitzung fand statt, und der Antrag wurde einstimmig angenommen. Er wurde deshalb einstimmig und ohne Widerspruch angenommen, weil beinahe die Hälfte der Mitglieder der Bürgerschaft demonstrativ nicht erschienen war«. Der Weltbürger Thomas Mann, der Lübeck als junger Mann verließ, nach München und während des Nationalsozialismus nach Kalifornien ging und in Zürich zu Grabe getragen wurde, ist – wie es sein Kollege Günter Grass formulierte – speziell nach 1945 in »Deutschland fremd geblieben«, ungeachtet aller Würdigungen, die ihm zuteilwurden.

»Ich wurde geboren im Jahre 1875 in Lübeck als zweiter Sohn des Kaufmanns und Senators der Freien Stadt Johann Heinrich Mann und seiner Frau Julia da Silva-Bruhns. Während mein Vater Enkel und Urenkel Lübecker Bürger war, hatte meine Mutter in Rio de Janeiro als Tochter eines deutschen Plantagenbesitzers und einer portugiesisch-kreolischen Brasilianerin das Licht der Welt erblickt und war mit sieben Jahren nach Deutschland verpflanzt worden.« So beginnt Thomas Manns kurzer, 1930 veröffentlichter *Lebensabriss*. Seine Kindheit sei, fährt er fort, »gehegt und glücklich« gewesen, wohingegen er seiner Lübecker Schulzeit selbst im Rückblick nichts abgewann: »Ich verabscheute die Schule und tat ihren Anforderungen bis ans Ende nicht Genüge. Ich verabscheute sie als Milieu, kritisierte die Manieren ihrer Machthaber und befand mich früh in einer Art literarischer Opposition gegen ihren Geist, ihre Disziplin, ihre Abrichtungsmethoden.«

Thomas Mann kehrte immer wieder in seine Heimatstadt zurück, hielt Ansprachen und Festreden und versuchte dabei für sich selbst, Klarheit darüber zu gewinnen, was es mit seinem hanseatischen Lübeckertum auf sich habe. Am nachdrücklichsten tat er dies 1926, als er seinen mit »Meine lieben Mitbürger!« einsetzenden Vortrag *Lübeck als geistige Lebensform* hielt. Es ging ihm in diesen Ausführungen nicht darum, Kindheitserinnerungen aneinanderzureihen, sondern vielmehr nach un- und unterbewussten Prägungen zu suchen – mit unmissverständlichem Ergebnis: »Es kam der Tag und die Stunde, wo mir klar wurde, dass niemals der Apfel weit vom Stamme fällt; dass ich als Künstler viel ›echter‹, viel mehr ein Apfel vom Baume Lübecks war, als ich geahnt hatte.«

Dass sich die Lübecker mit Thomas Mann lange schwertaten, hat in erster Linie mit den *Buddenbrooks* zu tun, mit jenem opulenten Roman, der Ende 1901 erschien und 1929 die Grundlage für die Verleihung des Literatur-Nobelpreises bildete. Es ist der große Wurf eines gerade mal 25-jährigen Autors, der zuvor mit kleineren Erzählungen hervorgetreten war. Inspiriert von französischen

Thomas Mann und Lübeck – das ist eine eigentümliche Liason.

Großromanen wie *Renée Mauperin* der Brüder Goncourt, machte sich Mann daran, den vielsträngigen »Verfall einer Familie« – so der Untertitel – in aller Breite zu schildern, als spätes Monument eines realistischen Erzählens, das mit fantastischen Elementen versetzt war. Es ist ein Kaufmannsroman, der – daran bestand nie ein Zweifel – aus dem Fundus der Mann'schen Familiengeschichte schöpfte. Denn als junger Mann musste Thomas Mann selbst erfahren, was es heißt, das Familienfundament zu verlieren: Als sein hoch angesehener Vater, Lübecker Senator, im Oktober 1891 früh und unerwartet starb, war die Liquidation der seit über einhundert Jahren bestehenden Getreidefirma nicht zu verhindern. Dass Thomas nicht in die Fußstapfen seines Vaters treten wollte, hatte sich bereits zuvor abgezeichnet.

Die *Buddenbrooks* zeugen vom Wagemut eines Schriftstellers, dem es nicht an Selbstbewusstsein mangelte. Als Verleger Samuel Fischer das umfangreiche Manuskript gelesen hatte, äußerte er als ökonomisch vorsichtiger Mann Bedenken und machte seinem aufstrebenden Autor einen Vorschlag: »Glauben Sie, dass es Ihnen möglich ist, Ihr Werk um die Hälfte zu kürzen, so finden Sie mich im Prinzip sehr geneigt, Ihr Buch zu verlegen.« Thomas Mann sah diese Möglichkeit nicht und hielt daran fest, dass sein Familienepos genau diese Opulenz benötigte, um seine Wirkung zu entfalten. Und er behielt recht: Die *Buddenbrooks* entwickelten sich zu einem Longseller und sind Manns populärstes Buch geblieben. Dass der Roman vor allem in Lübeck einschlug, ist kein Wunder, denn wie es sich für autobiografisch fundierte Werke gehört, sahen sich viele Alteingesessene in den *Buddenbrooks* porträtiert – und waren darüber keineswegs amüsiert. Sorgfältig hatte Thomas Mann bei der Recherche Erkundigungen eingezogen, nach den politisch-wirtschaftlichen Verhältnissen der Hansestadt Lübeck im 19. Jahrhundert und nach der Familienvorgeschichte. Wiewohl er sich dagegen verwahrte, einen Schlüsselroman vorgelegt zu haben, arbeitete er mit zahlreichen Modellen und Vorbildern aus Lübecker Familien, und die Zeitgenossen machten einen Sport daraus, nach diesen zu fahnden. 1906 sah sich Mann sogar genötigt, sich in der kleinen Abhandlung *Bilse und ich* gegen die einseitige Deutung seiner *Buddenbrooks* zu wehren. Gefruchtet hat das erst, als die (vermeintlich) Porträtierten nach und nach verstarben und der Roman in seinen überzeitlichen Momenten deutlicher hervorrat.

Wie eng Fiktion und Realität manchmal miteinander verwoben sind, zeigt sich, wenn man sich auf die Spuren jener Stätten begibt, die unmittelbar mit Thomas Manns Jugendjahren zu tun haben, und wenn man in der Mengstraße 4 vor dem

»Auf dem himmelblauen Hintergrund der Tapeten traten zwischen schlanken Säulen weiße Götterbilder fast plastisch hervor.«

Aus: Thomas Mann: *Die Buddenbrooks.*

Buddenbrookhaus steht. Buddenbrookhaus? Kann das sein? Hat hier, mögen unvoreingenommene Besucher denken, in grauer Vorzeit eine Familie Buddenbrook gewohnt? Nein, denn eine solche hat nur in der Fantasie Thomas Manns existiert, und doch ist es gerade dieser kleine Etikettenschwindel, der zum Reiz dieses Bürgerhauses gehört. Neu erbaut wurde es 1758 von dem Kaufmann Johann Michael Croll, der es 1842 an die Familie Mann, an Johann Siegfried Mann verkaufte. Dieser verlegte den Firmensitz zwar 1882 in sein neues (nicht mehr existierendes) Wohnhaus in der Beckergrube 52, doch Thomas Manns Großeltern blieben dort bis 1890. Die Geschichte, die das Haus danach erfuhr, ist wechselhaft, und es lässt sich nicht behaupten, dass die Stadt Lübeck großen Ehrgeiz entwickelt hätte, in der Mengstraße an die Familie Mann und ihr literarisches Potenzial zu erinnern. Immerhin beherbergte es von 1922 bis 1929 die Buddenbrook-Buchhandlung, doch auch die Nachtstation der Laternenwächter oder eine Bankfiliale gehörten zu den Mietern. Erst Anfang der 1990er-Jahre besann man sich eines Besseren, begründete im Buddenbrookhaus ein Heinrich-und-Thomas-Zentrum und legte den Grundstock zu einem der eigentümlichsten und markantesten Literaturmuseen und Forschungszentren im deutschsprachigen Raum.

Ehe man die Schwelle zur Fiktion überschreitet, sollte man seine prächtige Fassade bewundern, die es allen Um- und Wiederaufbauten zum Trotz fast mühelos erlaubt, sich ein selbstbewusstes Bürgertum vergangener Tage vorzustellen, das seinen Wohlstand baulich manifestierte. Von den aufragenden Fenstern im Erdgeschoss bis hin zum runden Giebelfenster strahlt das schmale Haus die Eleganz und Selbstbezogenheit seiner Bewohner aus. Zwei weibliche Figuren unterhalb der Giebelwellen symbolisieren Reichtum und verrinnende Zeit, und, so Wolfgang Tschechne, »über nichts anderes hat Thomas Mann geschrieben, über Reichtum und Fülle und über den Abschied von Reichtum und Fülle«.

Das Buddenbrookhaus ist beliebt. Es bietet auf engem Raum zwei Dauerausstellungen: »Die Manns – eine Schriftstellerfamilie« und »Die *Buddenbrooks* – ein Jahrhundertroman«. Wo man andernorts artig Dokumente ausstellt, Briefe, Manuskriptvorstufen, fremdsprachige Editionen, und vielleicht noch Devotionalien aus dem Dichterhaushalt bereithält, ist man in Lübeck konsequent den Weg einer Simulation gegangen. Man vertraut auf die Popularität des Romanstoffes und macht aus der Fiktion optische Realität. So folgt man wie in einem Drehbuch Szenen des Romans und visualisiert das Beschriebene, tut so, als sei die Familie Buddenbrook wahrhaftig 1835 in die Mengstraße eingezogen.

Thomas Mann beschwört zu Anfang seines Romans einen Speisesaal herauf: »Auf dem himmelblauen Hintergrund der Tapeten traten zwischen schlanken Säulen weiße Götterbilder fast plastisch hervor. Die schweren roten Fenstervorhänge waren geschlossen, und in jedem Winkel des Zimmers brannten auf einem hohen, vergoldeten Kandelaber acht Kerzen, abgesehen von denen, die in silbernen Armleuchtern auf der Tafel standen. Über dem massigen Büffet, dem Landschaftszimmer gegenüber, hing ein umfangreiches Gemälde, ein italienischer Golf, dessen blaudunstiger Ton in dieser Beleuchtung außerordentlich wirksam war. Mächtige, steifbeinige Sofas in rotem Damast standen an den Wänden.« Und im Buddenbrookhaus lässt sich dieser Saal, der mehr oder minder getreu den Dichterworten folgt, nun betrachten. Das mag man ein wenig absonderlich finden, zumal natürlich mit Nachbildungen – etwa vom Puppentheater, das Hanno Buddenbrook im Roman zu Weihnachten geschenkt bekommt – ausgeholfen werden muss.

Oben: So haben sie gewohnt, die Buddenbrooks ...

Neben diesen Inszenierungen imaginärer Räumlichkeiten blickt die Ausstellung auch auf die Rezeption der *Buddenbrooks* in anderen Medien, etwa in der erfolgreichen elfteiligen Fernsehserie, die die ARD 1979 ausstrahlte, oder Heinrich Breloers späteren Verfilmung. So vermengen sich, je länger man durch dieses Haus und dann durch die Altstadt streift, die Ebenen von Dichtung und Wahrheit. Wo verbrachte der junge Thomas Mann seine Zeit und wo seine Geschöpfe, die Abkömmlinge des Buddenbrook-Stammes? Irgendwann lässt sich das nicht mehr trennen, und irgendwie soll das nicht mehr voneinander zu trennen sein. Wo so viel gestalterischer Wille waltet, braucht es ein neues Buddenbrookhaus. Nachdem es mit Mitteln des Bundes gelang, das Nachbargrundstück zu erwerben, werden voraussichtlich im Sommer 2019 die Erweiterungsbauarbeiten beginnen. Die Homepage des Hauses kündet schon einmal inszenatorische Neuerungen an und verbreitet ohnehin eine angestrengte Jugendlichkeit. Da ist von der »amazing family« der Manns die Rede, lockt mit »Selfies mit Tommy«, die man nur hier machen könne, redet von »Narrativ« und »Designsprache« und spricht von der Möglichkeit, ein »faszinierendes Stück Weltliteratur Made in Germany« kennenzulernen.

Wer sich davon erholen möchte, macht sich am besten auf, durchquert die Lübecker Altstadt und sieht Orte, die nicht nur Thomas Manns Jugendjahre prägten. Die Marienkirche zum Beispiel, in der er getauft und konfirmiert wurde. Das Schabbelhaus oder das Jugendstiltheater in der Beckergrube, das zwar in der heutigen Gestalt erst 1908 erbaut wurde und doch prägende musikalische Eindrücke, Richard Wagner allen voran, des jungen Mann hervorruft. Wer sich an den *Zauberberg* oder an *Doktor Faustus* erinnert, weiß, welche herausragende Rolle die Musik in Thomas Manns Werk zeitlebens spielte. Oder man geht zu den verhassten Schulorten des Dichters, der für manche so wirkt, als sei er ein Musterschüler gewesen, zum Katharineum in der Königstraße, in das er 1889 eintrat und das er, nach zwei Ehrenrunden, fünf Jahre später endlich verlassen durfte. Das Abgangszeugnis bezeichnet sein Betragen als »im Ganzen gut«, weist viele »befriedigend«, auch im Fach Deutsch auf, und beschönigt, was Thomas Manns sportliche Aktivitäten anbelangt, nichts: In Turnen ist ein »ungenügend« notiert. Von der ungeliebten Schule ist es nicht weit bis zum Burgtor im Westen der Altstadt, wo von 1912 bis 1928 die seinerzeit vielgelesene Schriftstellerin Ida Boy-Ed lebte. Sie zählte früh zu Manns Förderern, pries die

»… was Lübeck betrifft, so muss man irgendwoher ja sein, und ich sehe nicht ein, weshalb Lübeck eine lächerlichere Herkunft sein sollte als eine andere – ich rechne es sogar zu den besseren Herkünften.«
THOMAS MANN

HAUSVERWALTUNG
Nostal Chique
Cabaret & Revue Theater

Buddenbrooks in einer Kritik und blieb eine mütterliche Freundin, auch nachdem ihn der Ruhm ereilte.

Genug von Thomas Mann und – wie es in der frühen Erzählung *Der Bajazzo* heißt – der »kleinen, alten Stadt mit ihren schmalen, winkeligen und giebeligen Straßen, ihren gotischen Kirchen und Brunnen, ihren betriebsamen, soliden und einfachen Menschen«? Dann tut vielleicht eine Erholungspause gut, und wenn schon nicht von Lübeck, dann von Thomas Mann: In der Glockengießer-/Ecke Königstraße lässt sich seit 2002 dem zweiten eng mit der Stadt verbundenen Literaturnobelpreisträger huldigen, Günter Grass, der die letzten Lebensjahre unweit der Stadt wohnte. Das nach ihm benannte Museum erinnert vor allem an seine Doppelbegabung als Schriftsteller und bildender Künstler.

Der Name Lübeck fällt kein einziges Mal in den *Buddenbrooks* – was stimmt, selbst wenn wir an das Ostseebad Travemünde denken. Dieses nämlich wird im Roman explizit erwähnt, doch da es erst 1913 eingemeindet wurde, zählt das nicht als Lübecker Nennung. Travemünde, das ist viel mehr als ein damals eher lauschiger Badeort, den die Familie Mann zur Sommerfrische aufsuchte. »Sommerferien an der See! Begriff wohl irgend jemand weit und breit, was für ein Glück das bedeutete? Nach dem schwerflüssigen und sorgenvollen Einerlei unzähliger Schultage vier Wochen lang eine friedliche und kummerlose Abgeschiedenheit, erfüllt von Tanggeruch und dem Rauchen der sanften Brandung?« – so klingt das Loblied auf Travemünde in den *Buddenbrooks*, und dass es sich hier um keine literarische Überhöhung handelt, zeigt sich in vielen persönlichen Äußerungen, wenn Mann vom »Ferienparadies« Travemünde spricht, wo er die »unzweifelhaft glücklichsten Tage« seines Lebens verbracht habe. Nie wollten und sollten diese Wochen für Hanno Buddenbrook (und für seinen Verfasser) ein Ende finden, und wenn der Abschied unerklärlicherweise doch nahte, drohte die Brust »von weichlichem Schmerz der Selbstbemitleidung zerrissen« zu werden.

Musiktempel, Kurhaus, Leuchtturm, Konditorei – das sind Fixpunkte der Ferien. Und die Ostsee natürlich, die in Travemünde selten in höchste Wallung gerät und dem Betrachter ein »beruhigtes, befriedigtes und in wohltätiger Ordnung arbeitendes Herz« beschert. Es gibt Fotos aus unterschiedlichen Lebensphasen, die Mann an der See zeigen, im Strandkorb sitzend, lesend im züchtigen Schwimmkostüm, rauchend im Bademantel oder mit Anzug und Krawatte aufs Wasser blickend: immer wieder der Ausdruck des höchst Korrekten, des Beherrschten, der

Rechts oben: Das Katharineum, Manns ungeliebte Schule

verbergen will, welche Befreiung die See ihm verschaffte und wie sich in diesen Momenten die oft beschriebenen unterschwelligen Dämonen seiner Seele befrieden ließen.

In den letzten einhundert Jahren ist, sagen wir es offen, Travemünde nicht schöner geworden. Mit dem Auto braucht man von Lübeck meist nur eine Viertelstunde, und es empfiehlt sich, an der Promenade das über einhundert Meter in den Himmel ragende Strandhotel zu ignorieren – kaum woanders ist es geglückt, mit einem einzigen Neubau ein Ortsbild so nachhaltig zu beschädigen. Als die Stadt Hamburg (und nicht etwa Lübeck) 1953 Thomas Mann nach Deutschland einlud, nutzte dieser das zu einem Abstecher ins Kindheitselysium Travemünde, das ihm »weit luxuriöser, mondäner« als früher erschien. Dieses »Weltbad sozusagen« hatte mit dem »Idyll« seiner Jugend nur noch wenig zu tun. Hans Schrem, der Chefredakteur der »Lübecker Nachrichten«, hatte die Ehre, Thomas Mann und seine Frau Katia an die Ostsee zu begleiten, und er und der Fotograf Hans Kripgans nutzten kurzentschlossen die Gelegenheit, beide zu einem inoffiziellen PKW-Abstecher nach Lübeck zu überreden. So entstand ein vielfach nachge-

»Lübeck hatte seinen größten Sohn zu Gast.«

HANS SCHREM IN DEN »LÜBECKER NACHRICHTEN«

drucktes Foto, das die Manns vor dem zerbombten Haus in der Mengstraße zeigt: »Und dann steigt er an der Mengstraße aus, wirft einen langen Blick an der Restfassade des Hauses der Buddenbrooks hoch, das er in seinem Roman so fest gebaut hat, dass keine Bombengewalt ihm je etwas wird anhaben können. (...) Die Zeit vergeht, das Auto wartet, Thomas Mann steigt ein. Leben Sie wohl! Die linke Hand am Schirmknauf, nickt er lächelnd und winkt langsam mit der Rechten. Lübeck hatte seinen größten Sohn zu Gast.«

Ach ja und ganz zuletzt: wie steht es um Thomas Mann und das Marzipan, jene süße Attraktion, die Touristen aus aller Welt in den Sinn kommt, ehe sie überhaupt einen Gedanken an die Manns oder Buddenbrooks verlieren? Selbstverständlich wird es im Mann'schen Werk gereicht, etwa während der ausführlich beschriebenen Weihnachtsfeierlichkeiten in den *Buddenbrooks*, und in seinem Vortrag *Lübeck als geistige Lebensform* setzt er zu einer quasi poetologischen Lobrede an: »Will nun einer an mir sein Mütchen kühlen und mir eins auswischen, so kann ich mit Sicherheit darauf rechnen, dass meine Lübecker Herkunft und der Lübecker Marzipan aufs Tapet kommt: fällt einem gar nichts ein, so fällt ihm doch im Zusammenhang mit mir der komische Marzipan ein, und ich werde als Lübecker Marzipanbäcker hingestellt, was man dann literarische Satire nennt. Sie tut mir aber gar nicht weh; denn was Lübeck betrifft, so muss man irgendwoher ja sein, und ich sehe nicht ein, weshalb Lübeck eine lächerlichere Herkunft sein sollte als eine andere – ich rechne es sogar zu den besseren Herkünften. Durch den Marzipan aber kann ich mich nun schon gar nicht gekränkt fühlen, denn erstens ist er eine sehr wohlschmeckende Substanz und zweitens eine nichts weniger als triviale, sondern geradezu merkwürdige und, wie ich sagte, geheimnisvolle. Marci-pan, das heißt offenbar, oder wenigstens nach meiner Theorie, panis Marci, Brot des Marcus, des heiligen Marcus, der der Schutzheilige von Venedig ist. Und sieht man sich diese Süßigkeit genauer an, diese Mischung aus Mandeln und Rosenwasser und Zucker, so drängt sich die Vermutung auf, dass da der Orient im Spiele ist, dass man ein Haremskonfekt vor sich hat und dass wahrscheinlich das Rezept zu dieser üppigen Magenbelastung aus dem Morgenlande über Venedig nach Lübeck an irgendeinen alten Herrn Niederegger gekommen ist.«

Thomas Manns Marzipan-Etymologie ist umstritten. Kardiologen schreiben dem köstlichen Konfekt immerhin eine »gefäßschützende Wirkung« zu.

EMPFEHLUNG:
Erschöpfte Thomas-Mann-Spaziergänger sollten sich in der »klassischsten Kneipe der Welt« (Hans Leip) stärken, im Haus der Schiffergesellschaft in der Breiten Straße. Von der Decke hängende Schiffsmodelle sind nur eine der zahlreichen Kuriositäten des Intérieurs. Solche Eindrücke machen es leichter, eine regionale Spezialität, den »Cpt's Labskaus« (18 Euro), unvoreingenommen zu genießen.

ZUM WEITERLESEN:
Heinrich Detering: *Das Meer meiner Kindheit. Thomas Manns Lübecker Dämonen.* – Manfred Eickhölter/Britta Dittmann: *Allen zu gefallen – ist unmöglich. Thomas Mann und Lübeck, 1875 bis 2000. Eine Chronik.* – Volker Hage: *Eine Liebe fürs Leben. Thomas Mann und Travemünde.* – Wolfgang Tschechne: *Thomas Manns Lübeck.*

Rechts: In der Schiffergesellschaft

ZWEI VERLIEBTE, ZWEI BRÜDER UND EIN SEE

KURT TUCHOLSKY UND SCHLOSS RHEINSBERG

Nein, es ist kein Ding der Unmöglichkeit, sich dem Städtchen Rheinsberg, nordwestlich von Berlin gelegen, auf unkomplizierte Weise zu nähern. Mit dem Auto zum Beispiel aus Plau am See oder Röbel an der Müritz kommend, findet man bequem nach Rheinsberg – und, wenn nicht gerade Hochsaison ist, einen Parkplatz, vor dem Gasthof Endler etwa. Zu dem gehört eine Fleischerei, was die Hoffnung nährt, dass für abendliche Verköstigung, wenn die Tagestouristen wieder verschwunden sind, gesorgt ist.

Doch irgendwie gehört es sich nicht, Rheinsberg und sein Schloss ohne Mühen zu erreichen. Theodor Fontane, der sich in seinen *Wanderungen durch die Mark Brandenburg* wieder einmal – so sein nachgeborener Kollege Gerhard Falkner – als Meister der »Landesbuchführung« erwies, hielt lapidar fest: »Rheinsberg von Berlin aus zu erreichen ist nicht leicht. Die Eisenbahn zieht sich auf sechs Meilen Entfernung daran vorüber und nur eine geschickt zu benutzende Verbindung von Hauderer und Fahrpost führt schließlich an das ersehnte Ziel. Dies mag es erklären, warum ein Punkt ziemlich unbesucht bleibt, dessen Naturschönheiten nicht verächtlich und dessen historische Erinnerungen ersten Ranges sind.« Und Kurt Tucholskys 1912 erschienene Erzählung *Rheinsberg. Ein Bilderbuch für Verliebte*, die – so Ulrich Enzensberger – die märkische Stadt ins »Ortsverzeichnis der deutschen Literatur« einschrieb, setzt ebenfalls mit einer Anfahrtsszene ein: »Seinen eigentlichen Anfang nahm das Abenteuer erst, als sie in Löwenberg ausstiegen. Der D-Zug ruhte lang und dunkel in der Halle unter dem Holzdach – sie durchschritten einen Tunnel, oben, in hellem Sonnenlicht, stand die Kleinbahn, wie aus Holz gefügt, steif und verspielt.«

Claire und Wolf, so heißt das Berliner Pärchen bei Tucholsky, steigen ein, doch die possierliche Bahn unternimmt erst einmal keine Anstalten, die beiden an ihre Destination Rheinsberg zu bringen. Gut Ding braucht Weile, und so ruckelt und zuckelt die Kleinbahn schließlich durch eine Landschaft, die nicht als »Schönheit« zu bezeichnen ist: »Da standen Baumgruppen, durch nichts ausgezeichnet, das Land wurde wellig in der Ferne, versteckte ein Wäldchen und zeigte ein anderes – man freute sich im Grunde, dass alles da war.«

So langsam die Chose auch vorankommt: Irgendwann sind die Verliebten am Ziel, geben sich als solides Ehepaar aus, um ein gemeinsames Hotelzimmer beziehen zu können, und verbringen ein sinnenfrohes Wochenende in der Rheinsberger Idylle, sich vom Berliner Großstadttreiben erholend. Tucholskys Erzählung

Vorausgehende Seite: Schloss Rheinsberg
Links: Foto von Else Weil mit einer limitierten Ausgabe des *Bilderbuchs für Verliebte.*

hat einen autobiografischen Hintergrund, denn im Hochsommer 1911 tat Tucholsky eine solche Reise, mit der Medizinstudentin Else Weil. *Rheinsberg*, das Werk eines gerade mal 22-Jährigen, wurde ein Überraschungsbestseller und zählt neben *Schloss Gripsholm* bis heute zu Tucholskys populärsten Büchern. Seinen Charme verdankt es der verspielten Nichtigkeit des Erzählten. Claire und Wolf, die in einem hausgemachten Liebesidiom miteinander kommunizieren, geben sich den harmlosen Vergnügungen hin, die ein Wochenendausflug in die Provinz zu bieten hat. Sie unternehmen eine Bootstour, machen Spaziergänge und gehen ins Kino, eine der modernen Errungenschaften Rheinsbergs.

Else Weil, Claires Modell, hatte übrigens 1911 in Berlin Medizin zu studieren begonnen – eine Seltenheit zu dieser Zeit. Von ihrem Freund Tucholsky bekam sie den Spitznamen Pimbusch verpasst, eine Reminiszenz an Heinrich Manns Roman *Im Schlaraffenland*. In einem Brief beschrieb Tucholsky ihren ungewöhnlichen Alltag: »Sie macht Leute tot, schneidet sie auf und lernt im Ärztekasino eines Berliner Krankenhauses gutdeutsche Sitten und Gebräuche. Weil sie nie stramm steht (von Fingern an die Hosennaht ist keine Rede!), so sieht man sie mit gekrauster Nase an.« Im Januar promoviert Else Weil mit einem *Beitrag zur Kasuistik des induzierten Irreseins* und weiß, wie Tucholsky schreibt, was sie geleistet hat: »Sie ist übrigens maßlos stolz, approbiert und steht kurz vor der eigenen Wohnung und dem Doktor. Ob sie mir denn noch anguckt?« Ja, sie »guckte« ihn noch an, so intensiv, dass am 9. Mai 1920 im *Berliner Tageblatt* die Eheschließung der in Berlin-Friedenau wohnhaften Dr. iur. Kurt Tucholsky und Dr. med. Else Weil-Tucholsky angezeigt wurde. Lange währte die Ehe freilich nicht; knapp vier Jahre später wurde die Scheidung rechtskräftig – der Rheinsberger Sommer hatte kein dauerhaftes Glück gebracht. Noch 1930 sprach Tucholsky von Else als der »klügsten Frau, die ich kennengelernt habe. Ich war ein bisschen mit ihr verheiratet.« Der Jüdin Else Weil wurde bald nach der Machtergreifung der Nationalsozialisten die Zulassung entzogen. Sie emigrierte spät nach Frankreich, kam mit ihrem Freund Friedrich Epstein nach Marseille, wo sie im August 1942 festgenommen, in ein Lager gebracht, nach Auschwitz deportiert und wohl am 11. September 1942 vergast wurde.

Claires und Wolfs heiter-frivoles Abenteuer zog zahllose Leserinnen und Leser in seinen Bann, spiegelte es doch die Möglichkeit wider, auch im sittenstrengen Preußen der Vorkriegszeit zu kleinen Fluchten aufzubrechen. Tucholsky

Irgendwie gehört es sich nicht, Rheinsberg und sein Schloss ohne Mühen zu erreichen.

hielt in einem späteren Vorwort fest, dass es »damals trotz Dienstpflicht, Katasterkontrolle und Einwohnermeldepflicht immer noch genügend grüne Plätzchen übrig blieben, auf denen du dich – ungestört vom Staat – tummeln konntest.« Derart der Liebe wegen für kurze Zeit aus den Alltagsregularien auszuscheren, das machte und macht den Charme der Erzählung aus. Liebende sahen sich selbst (oder ihre Wünsche) darin gespiegelt, nahmen das Buch, nach dem, so Tucholsky, »später generationsweise vom Blatt geliebt wurde«, als Ansporn, sich Freiheiten zu gönnen, und fuhren nach Rheinsberg, um Claire und Wolf ganz nah zu sein. So wurde, wie Gabriele Tergit schrieb, Tucholskys Büchlein zu den »*Leiden des jungen Werther* für die Generation, die in den Krieg zog. Wir alle gaben es unseren Jungs mit in den Krieg.«

Selbstverständlich lassen es sich Tucholskys Protagonisten nicht nehmen, dem Rheinsberger Schloss ihre Referenz zu erweisen. Allerdings ist dies zu Anfang des 20. Jahrhunderts in einen Tiefschlaf verfallen, und um es aus selbigen zu reißen, müssen Claire und Wolf an einer Messingstange ziehen, um Kastellan Adler per Glockenschlag aufzuschrecken und zu einer Führung zu bewegen. Viel machte das Schloss mit seinen »karg und enthaltsam« eingerichteten Zimmern in den Augen von Claire und Wolf nicht her. Bereits Tucholskys Wegbereiter Theodor Fontane musste ein halbes Jahrhundert zuvor auf seinen Wanderungen hinnehmen, dass das Schloss keine Attraktion mehr darstellte, ja, schlimmer noch, dass der Kastellan erst gar nicht mit Besuch zu rechnen schien: »Wir nähern uns

Oben: Ankunft mit der Bahn, Ausflug mit dem Boot.

jetzt von der Kolonnade her dem linken Flügel des Schlosses, treten auf einen großen Flur und ziehen leise mit der Hand des Bittstellers an der Klingel des Kastellans. Er schläft wirklich noch, aber seine Frau nimmt unverdrossen das große Schlüsselbund von der Wand und schreitet treppauf vor uns her.«

Die ruhmvollste Ära des Schlosses lag da schon etliche Jahrzehnte zurück. 1734 erwarb es der »Soldatenkönig« Friedrich Wilhelm I., der es dann seinem Sohn Kronprinz Friedrich, dem späteren Friedrich II., schenkte. Vier Jahre, von 1736 bis 1740, verbrachte Friedrich dort eine kurze mit der Thronbesteigung endende Zeit, die es ihm erlaubte, seinen literarisch-philosophischen Neigungen nachzugehen und die ihm unvergesslich blieb: »Das Unglück hat mich immer verfolgt. Ich bin nur in Rheinsberg glücklich gewesen.«

Der Nachruhm Friedrichs II. brachte es mit sich, das sein Bruder Heinrich zu Unrecht in Vergessenheit geraten ist. Vier Jahrzehnte immerhin verbrachte dieser auf Schloss Rheinsberg, nachdem ihm das Anwesen von seinem Bruder vermacht worden war. Darüber, dass sich die Brüder in herzlicher Abneigung verbunden waren, ist viel geschrieben worden. Die hierarchischen Verhältnisse führten zudem dazu, dass sich Friedrich II. als König keine Scheu auferlegte, seinen ungeliebten Bruder zu drangsalieren. Was diesen nicht davon abhielt, Schloss und Park Rheinsberg umzugestalten. Die markante Anlage mit ihren zwei Türmen wurde um Pavillons erweitert, und Heinrich legte sich ins Zeug, den Park nach französischen und englischen Vorbildern zu erweitern. Eine Vielzahl von Grotten,

Pyramiden, Bosketten und Ruinen kam hinzu, von denen – so der Historiker Christian von Krockow – »das meiste inzwischen verschwunden« sei, »gottlob, möchte man beinahe meinen«.

Zu entdecken gibt es in dieser domestizierten Natur ungemein viel. Ulrich Enzensberger hat das »kostenlose, himmlische Entrée« zum Park in seinem *Rheinsberger ABC* gewürdigt – und manche andere Besonderheit: »Ein riesiger Quincunx hinter der Egeriagrotte ist noch zu erwähnen: Uralte Lärchen, Tannen und Kiefern und in der Mitte eine gewaltige Vase, angeordnet wie die Fünf eines Würfels, ein Verweis auf die Pythagoräer. Beachten Sie auch die kleinen beschnittenen Tannen, die immer wieder den für die schmale Börse eines preußischen Prinzen zu teuren Taxus ersetzen. Halt! Es ist strengstens verboten, ein Rad durch den Park zu schieben!«

Enzensberger amtierte im Herbst 2009 als »Stadtschreiber zu Rheinsberg«. Dieses 1995 eingerichtete Stipendium bringt Jahr für Jahr namhafte Autorinnen und Autoren an den See, die eine Wohnung im Marstall der Schlossanlage beziehen dürfen. Zu den Stadtschreibern zählten unter anderen Wolfgang Hilbig, Judith Kuckart, Katja Lange-Müller, Richard Pietraß, Julia Schoch, Antje Rávik Strubel, Grit Poppe und Jan Faktor. Welche Eindrücke auf sie in Rheinsberg einwirkten, lässt sich in der feinen Publikationsreihe *Rheinsberger Bogen* nachlesen, die es mit sich bringt, dass die Rheinsberger Literaturgeschichte nicht mehr auf die Namen Fontane und Tucholsky beschränkt bleibt.

Einer der Stipendiaten war 2003 Gerhard Falkner, der in seinem Bogen *Rheinsberg, Bilderbuch für Verrückte* dem Schlosspark das Gedicht *Der Park* gewidmet hat: »es geht kein Blatt in diesem Licht zu Boden / das nicht den Blick in mir mit sich zu Boden risse / die Luft ist angehalten / wie mein Atem / als ob sie sich im selben Banne wisse / der Park steht stark im Messingglanze seiner Blätter / die sich im Fallen / mit ihrem Golde überbieten // hier und dort in der Nähe / hinkt eine Nebelkrähe.«

Wenn man Glück hat, trifft man auf keinen Menschen im Rheinsberger Schloss. Man durchquert den Innenhof, blickt auf den Grienericksee, der so ist, wie ein See sein muss, und hinüber zum Boberower Wald. Ach ja, der See! Sich ihm zu entziehen und ihn nicht zu befahren ist ein Ding der Unmöglichkeit. Auch der Wanderer Fontane ergriff die Gelegenheit beim Schopf und begab sich zu Wasser: »Unter solchem Geplauder haben wir die der Stadt zu gelegene Rückseite des Schlosses erreicht, passieren den Schlosshof, steigen in ein bereit liegendes Boot und fahren bis mitten auf den See hinauf. Nun erst machen wir kehrt und haben ein Bild von nicht gewöhnlicher Schönheit vor uns. Erst der glatte Wasserspiegel, an seinem Ufer einen Kranz von Schilf und Nymphäen, dahinter ansteigend ein frischer Gartenrasen und endlich das Schloss selbst, die Fernsicht schließend. Nach links hin dehnt sich der See, wohin wir blicken, ein Reichtum von Wasser und Wald, die Bäume nur manchmal gelichtet, um uns irgendein Denkmal auf den stillen Grasplätzen des Parks, oder eine Marmorfigur oder einen ›Tempel‹ zu zeigen.«

Apropos Fontane: Er hat Rheinsberg nicht nur in seinen *Wanderungen durch die Mark Brandenburg* detailliert gewürdigt, nein, er hat in seinem Altersroman *Der Stechlin* den Rheinsbergern auch weniger Angenehmes ins Stammbuch geschrieben. Denn als sich Fontanes Hauptfigur Dubslav von Stechlin, der würdige Repräsentant einer zu Ende gehenden Epoche, überreden lässt, sich als Kandidat der Konservativen aufzustellen zu lassen, verdüstern sich seine Wahlaussichten zusehends. Und die Schuldigen an Dubslavs Scheitern sind rasch ausgemacht: »Hier plauderten nämlich mehrere ›Staatserhaltende‹ von dem mutmaßlichen Ausgange der Wahl, und dass es mit dem Siege des alten Stechlin von Minute zu Minute schlechter stünde. Besonders die Rheinsberger schienen den Ausschlag zu seinen Ungunsten geben zu sollen. ›Hole der Teufel das ganze Rheinsberg!‹, verschwor sich ein alter Herr von Kraatz, dessen roter Kopf, während er so sprach, immer röter wurde. ›Dies elende Nest! Wir bringen ihn wahr und wahrhaftig nicht durch, unsern guten alten Stechlin. Und was das sagen will, das wissen wir. Wer gegen uns stimmt, stimmt auch gegen den König. Das ist all eins. Das ist das, was man jetzt solidarisch nennt.‹« Dubslav von Stechlin nahm seine Nicht-Wahl weniger tragisch – und dürfte den Rheinsbergern ihr Abstimmungsverhalten nicht übel genommen haben.

Dem Schloss gegenüber tut sich ein mächtiger, 1791 errichteter Obelisk auf, das pompöse Wahrzeichen der Gegend. Eine Viertelstunde Fußweg, vorbei an verbliebenen Tempelchen und Pyramidenstümpfen, braucht es, bis man die »vielleicht größte Sehenswürdigkeit Rheinsbergs« (Fontane) erreicht hat. Heinrich ließ den Obelisken erbauen, und wer sich in die Historie jener Zeit eingelesen hat, weiß mit einem Mal, dass dieses Monument den Zwist zwischen Friedrich und Heinrich aufgriff. Letzterer hat es nämlich dem »ewigen Gedenken an August Wilhelm, den Prinzen von Preußen« gewidmet, dem Bruder, der von Friedrich II. in Unehren aus der Armee entlassen worden war. Um historische Gerechtigkeit bemüht, ließ Heinrich zudem Medaillons anbringen, die an verdiente Helden des Siebenjährigen Krieges erinnern sollten, darunter Militärs, die bei Friedrich nicht wohlgelitten waren.

So lässt sich eine besondere Epoche der preußischen Geschichte nachvollziehen, wenn man die wunderbare Ruhe des Rheinsberger Parks auf sich wirken lässt und klammheimlich nach Verliebten Ausschau hält, die einander Tucholsky-Sätze zuraunen. Claire und Wolf waren seinerzeit mit anderen Dingen befasst und würdigten den Obelisken keines Blickes. Ihre Geschichte und Tucholskys 1935 mit Selbstmord endendes Leben ist in einem Nebentrakt des Schlosses nachzulesen, im Kurt-Tucholsky-Literaturmuseum. Unter der Woche hat man vielleicht das Glück, mit sich und den Exponaten allein zu sein. Zum Inventar gehören neben zahlreichen Autografen und Manuskripten auch ein Schreibtisch aus Tucholskys schwedischem Exil nebst Tintenfass, Federhalter, Bleistiften und einer Briefmappe des Autors. Wer gar nichts vorhat, sucht sich ein Plätzchen und nimmt sich geschlagene achtundachtzig Minuten Zeit, um sich die Verfilmung von Tucholskys Novelle anzusehen. Kurt Hoffmann brachte diese 1967 in die Kinos, mit Christian Wolff und der herzallerliebsten Cornelia Froboess in den Hauptrollen. Um die nicht allzu viele

Links: In der Musikakademie Rheinsberg
Unten: Restaurant »Zum Alten Fritz«

*»Das Unglück hat mich
immer verfolgt.
Ich bin nur in Rheinsberg
glücklich gewesen.«*
FRIEDRICH WILHELM II.

Schreibmaschinenseiten umfassende Vorlage zu einem abendfüllenden Film zu strecken, musste sich Drehbuchautor Herbert Reinecker ordentlich anstrengen und Nebenhandlungen erfinden. Und es ist, wie es oft ist: Am Ende gewinnt die Literatur, gewinnt Kurt Tucholskys anrührendes und alle Sentimentalitäten wegpustendes *Bilderbuch für Verliebte*. So bleiben allen Rheinsberg-Besuchern ihre Fantasien erhalten, allen Filmeinfällen zum Trotz.

Nach 1945 widerfuhr Schloss Rheinsberg ein Schicksal, das seine Vorbesitzer im Grabe hätte rotieren lassen. Unter der »Administration des kunstbanausischen Diktators Walter Ulbricht« (Rolf Schneider) gab es kein Interesse, das Schloss zu konservieren oder als Museum nutzbar zu machen. Es wurde zu einer Klinik für Diabetiker. Erst Mitte der 1980er-Jahre änderte sich diese Haltung ein wenig; erste Restaurierungen wurden angegangen – Maßnahmen, die erst nach der Wiedervereinigung mit großem Eifer umgesetzt wurden. In jahrelanger Arbeit wurden Fassaden erneuert, Rückbaumaßnahmen eingeleitet, Kamine und Säle restauriert und der Park zu neuem Glanz gebracht. Schloss Rheinsberg gilt, so Rolf Schneider, als »denkmalpflegerische Glanzleistung«. 1999 konnte im Kavaliershaus das Schlosstheater wiedereröffnet werden, wo die Musikakademie Rheinsberg beheimatet ist und alljährlich die Veranstaltungen der von Siegfried Matthus initiierten und bis 2014 geleiteten Kammeroper Schloss Rheinsberg stattfinden.

Das Literaturstädtchen Rheinsberg ist so vor allem eine angesehene Musikstadt geworden. Um das mitzubekommen, muss man nicht unbedingt die großen Aufführungen des Opernfestivals besuchen. Manchmal genügen kleine lichte Momente. Bei meinem letzten Rheinsberg-Besuch im Juni 2018 versank die Gemeinde abends in ihren üblichen nachtouristischen Dämmer. Ich schlenderte durch die Straßen, vorbei an der Kurt-Tucholsky-Buchhandlung, am Friseursalon Bianca, an der Bahnstation, wo gar nichts an Tucholskys Reisende erinnert, den Restaurants Zum

Jungen Fritz und Zum Alten Fritz, an Transparenten in der Mühlenstraße, die sich gegen den quälenden LKW-Durchgangsverkehr wenden, und lande schließlich auf dem Platz vor der St.-Laurentius-Kirche.

Nach und nach versammeln sich da Menschen, Gäste und Einheimische, um dem Bläserchor der evangelischen Kirchengemeinde zuzuhören. An Montagabenden im Frühsommer lädt dieser zum Abendliedersingen ein, und erst zaghaft, dann kräftig folgen die spontanen Konzertbesucher dieser Aufforderung, singen Liedgutklassiker wie *Ade zur guten Nacht*, *Wer hat die schönsten Schäfchen* und *Weißt du, wieviel Sternlein stehen*. Und schließlich ertönt zu guter Letzt noch *Der Mond ist aufgegangen*, getextet von Matthias Claudius und komponiert von Johann Abraham Peter Schulz – eine Weise, die wunderbar zu diesem lauen Abend vor der St.-Laurentius-Kirche passt. Wen wundert es da, dass Komponist Schulz 1780 von Prinz Heinrich zum Kapellmeister in Rheinsberg ernannt wurde? So schließen sich die Kreise, so kehrt die preußische Geschichte zurück. Ich summe mit, ziehe mich dann in den Gasthof Endler zurück und lese – warum nicht noch einmal? – Kurt Tucholskys Rheinsberger *Bilderbuch*. Danach schläft es sich gut.

EMPFEHLUNG:
Wenn schon, denn schon. Wenn schon mit Tucholsky und Fontane nach Rheinsberg, dann auch, in zwanzig Autominuten, weiter zum Stechlinsee, der für seine Wasserqualität bekannt ist – und natürlich durch Theodor Fontanes *Der Stechlin*. Einmal von Neuglobsow aus hineintauchen in diesen literarischen See, das ist es, und darauf hoffen, das auf ferne Erdbeben oder Vulkanausbrüche antwortende Naturphänomen zu erleben, das Fontane im ersten Kapitel seines Romans beschrieb: »Dann regt sich's auch hier, und ein Wasserstrahl springt auf und sinkt wieder in die Tiefe.«

ZUM WEITERLESEN:
Christian Graf von Krockow: *Rheinsberg. Ein preußischer Traum.* – Sunhild Pflug: *Dr. med. Else Weil (1889–1942). Auf den Spuren von Kurt Tucholskys Claire aus »Rheinsberg«.* – Rolf Schneider: *Rheinsberg. Eine preußische Legende.*

ZWEI PLÄTZE GIBT ES, DIE MICH FREUEN

ANNA SEGHERS UND BERLIN-ADLERSHOF

Mitte, Friedrichshain, Kreuzberg, Neukölln, Charlottenburg, Schöneberg … das sind angesagte Stadtteile, die Touristen aufsuchen, wenn sie das Gefühl erleben wollen, am pulsierenden Leben der Hauptstadt teilzuhaben. Und dann gibt es jene Viertel, die nicht für jedermann von Interesse sind, deren Attraktivität sich nicht sofort erschließt und nichts mit neuesten Zeitgeistmoden zu tun hat. Adlershof (auf der letzten Silbe zu betonen!) ist so eine Ecke im Südosten Berlins, in die sich keine Zufallsreisenden verirren. Dennoch hat der Stadtteil mit seinen knapp 20.000 Einwohnern einen herausragenden (natur)wissenschaftlichen Ruf, dank seines Wissenschafts- und Technologieparks. Schon zu DDR-Zeiten war Adlershof bevorzugter Standort für Naturwissenschaftler. Bundeskanzlerin Angela Merkel, Physikerin von Haus aus, wirkte hier, und ihr Mann, der Chemiker Joachim Sauer, bis 2017 Lehrstuhlinhaber an der Humboldt-Universität, forschte am Zentralinstitut für physikalische Chemie, einem Adlershofer Standort der Akademie der Wissenschaften der DDR.

Auch die Literatur hat in Adlershof eine feste Anlaufstelle, verbunden mit dem Namen Anna Seghers, die bis heute neben Christa Wolf die bekannteste Repräsentantin der DDR-Literatur ist. Die 1900 in Mainz als Netty Reiling Geborene promovierte über Juden im Werk Rembrandts und erwarb früh literarische Meriten, als sie 1928 für ihre Erzählung *Aufstand der Fischer von St. Barbara* mit dem renommierten Kleist-Preis ausgezeichnet wurde. Schon damals lebte sie mit ihrem Mann, dem Wirtschaftswissenschaftler László Radványi in Berlin, zuerst in Wilmersdorf – das Haus in der Helmstedter Straße 24 trägt eine Plakette – und Am Fischtal in Zehlendorf. 1926 und 1928 wurden ihre beiden Kinder Peter/Pierre und Ruth geboren.

Als die Nationalsozialisten an die Macht kamen, verließ sie Deutschland sofort. Über die Schweiz kam sie nach Paris, nach Südfrankreich und schließlich 1941 nach Mexiko-Stadt. 1947 kehrte sie nach Berlin zurück – zum einen voller Vorfreude darauf, eine neue Gesellschaft aufzubauen, zum anderen ernüchtert davon, was sie in Berlin antraf. Sie begegnete Menschen, die sich ängstlich über den Nationalsozialismus ausschwiegen. Das »Narrenhaus« Berlin zeigte sich ihr in aller Ambivalenz, mal »außerordentlich widerlich«, mal »außerordentlich attraktiv«. Die Stadt, schrieb sie, sei »außen und innen ganz und gar kaputt, das heißt, die Menschen sind es auch.« Zudem litt sie darunter, dass ihr Mann erst einmal in Mexiko geblieben war und seine Rückkehr in unbestimmter Ferne lag.

Vorausgehende Seite: Auf dem Dorotheenstädtischen Friedhof
Links: Die Berliner Siegessäule

Im Jahr ihrer Berlin-Heimkehr wird sie mit dem Georg-Büchner-Preis ausgezeichnet, doch als Autorin, die mit ihren im Exil geschriebenen Romanen *Das siebte Kreuz* (1942; verfilmt zwei Jahre später von Fred Zinnemann, mit Spencer Tracy in der Hauptrolle) und *Transit* (1944) Weltruhm genießt, muss sie in Deutschland erst Anerkennung finden. Anna Seghers lässt sich von den Enttäuschungen nicht unterkriegen. Sie beginnt an neuen Texten zu arbeiten, hält Ansprachen wie 1947 beim Tag des freien Buches und ist in unterschiedlichsten politischen und künstlerischen Missionen unterwegs. Nachdem sie zuvor in einem Zimmer im Hotel Adlon und dann im Casino-Hotel am Wannsee, wo heute das Literarische Colloquium residiert, wohnt – also im Westen der Stadt –, spitzt sich die Lage 1949 zu. Ihr Unterschlupf in Weißensee bei Helene Weigel und Bertolt Brecht ist keine Dauerlösung, und so hat sie eine folgenreiche Entscheidung zu treffen: Sie gibt ihren mexikanischen Pass ab und wird Staatsbürgerin der DDR. Vermittelt durch den Aufbau Verlag kommt sie nach Adlershof, in die Altheider Straße 21, lebt nun im selben Haus wie ihre langjährige Freundin Berta Waterstradt, einer Drehbuch-, Hörspiel- und Theaterautorin, die auch mit satirischen Texten viele Leser findet. Zu ihrem 100. Geburtstag 2007 wurde am Haus in der Altheider Straße zu ihren Ehren eine Tafel enthüllt. Zum 50. Geburtstag von Anna Seghers schreibt Waterstradt ihr ein Gedicht, das die Zigarettenfabrik Josetti literarisch verewigt: »Alles Gute, liebe Netty! / Darauf reimt sich nur Josetti / Was uns nicht zu wundern braucht, / Weil die Netty gerne raucht. / Bleib gesund im neuen Jahr! / Nimm nicht jede Sitzung wahr, / Weil die Sitzung ja nicht bleibt, / Sondern das nur, was man schreibt.«

Adlershof, das war damals, wie Monika Melchert schreibt, »ein bisschen Vorstadt, ein bisschen Berlin; die kleinen Läden, Bäcker, Fleischer, der Blumenladen, das Kino Capitol prägen für Jahrzehnte den Charakter des Ortsteils. Es lässt sich hier leben.« Vom Hauptbahnhof ist man heute mit der S-Bahn in einer guten Viertelstunde an der Station Adlershof, und von der Dörpfeldstraße zweigt alsbald nach links die vormalige Volkswohlstraße ab, die inzwischen nach ihrer berühmtesten Bewohnerin Anna Seghers benannt ist. Es ist eine wohltuend ruhige Gegend mit breiten Gehsteigen. Die gelben Häuser aus den Zwanzigerjahren verfügen über bezahlbare Wohnungen, die für junge Familien attraktiv sind.

Als ich die Anna-Seghers-Straße bis zu ihrem ruhigen Ende abgehe, brauche ich mich nicht an den Hausnummern zu orientieren, um zu meinem Ziel

Adlershof – ein bisschen Vorstadt,
ein bisschen Berlin.

zu finden. Hinten auf der rechten Seite stehen Schüler beisammen, die für ihren Geschichts- und Deutschunterricht wohl gerade konkretes Anschauungsmaterial vorgeführt bekommen haben – in der von der Berliner Akademie der Künste betriebenen, seit 1985 zugänglichen Anna-Seghers-Gedenkstätte. Sie ist – glücklicherweise muss man in diesem Fall sagen – kein musealer Neubau, kein zufällig ausgewählter Ort mit allerhand Erinnerungsstücken. Nein, im obersten Stock des Hauses Anna-Seghers-Straße 81 lebte die Dichterin von 1955 bis 1982, bis ein Jahr vor ihrem Tod, und es ist diese Wohnung mit ihrer weitgehend erhaltenen Einrichtung, die genaues Zeugnis davon ablegt, wie Anna Seghers gelebt und gearbeitet hat. Dienstags und donnerstags kann man die Gedenkstätte besuchen, die von Monika Melchert, einer kompetenten Seghers-Kennerin, betreut wird.

1952 war Anna Seghers' Mann László Radványi, ihr Rodi, endlich nach Berlin zurückgekehrt, wo er schnell Fuß fasste und seine wissenschaftliche Laufbahn fortsetzte – als Professor an der Humboldt-Universität und bis 1965 als Abteilungsleiter am Institut für Wirtschaftswissenschaften der Akademie der Wissenschaften der DDR. Da zudem Anna Seghers' umfangreiche Bibliothek aus Paris nach und nach zurück zu ihrer Besitzerin fand, war offensichtlich, dass nach einer neuen, größeren Wohnung gesucht werden musste. Sie fand sich nur wenige Meter von der Altheider Straße entfernt, in einem Neubau in der Volkswohlstraße. Ganz so unprätentiös wie die gelben Häuser in der Umgebung kam er nicht einher, Säulen neben der Eingangstür huldigten dem (stalinistischen) Zeitgeist,

НОВЫЙ МИР
Begegnungen
die horen
Kursbuch 1
Kursbuch 2
Kursbuch 3
Kursbuch 4
Kursbuch 5
Kursbuch 6
JARMATZ LITERATUR IM EXIL
L'URSS EN REVOLUTION
JEAN RADVANYI
UNSER KAMPF GEGEN HITLER
J. L. SCHMIDT ENTWICKLUNGSLÄNDER
JOHANN - SCHMIDT
PAISES EN DESARROLLO
INTERNATIONALE KONZERNE
les 100 Portes de la Russie
1935
New York
1937
Anna-Seghers-
enkstätte

1900 - 1983
aSeghers
Akademie
der Künste
zu Berlin

doch die Wohnung selbst, bei deren Ausstattung Anna Seghers als Erstbezieherin Mitsprache hatte, wies keinerlei großbürgerliche Spuren, keinen Stuck oder dergleichen auf. Schlicht und gemütlich wollte es Anna Seghers haben, und auch für ihren Mann László, der für sie so wichtigen Bezugsperson, war gesorgt: Auf ein abschließbares Arbeitszimmer brauchte er nicht zu verzichten.

Der Charme dieser heute fast kleinbürgerlich wirkenden Wohnung ist leicht zu erfassen: die kleine Küche und den eigens für sie hergestellten Einbauschränken, das Badezimmer mit der freistehenden Wanne, das Wohnzimmer mit seinen einfachen Möbeln und der Phönix-Palme, die nur dem kümmerlich erscheint, der nicht weiß, dass sie bereits zu Lebzeiten der Dichterin für botanischen Glanz sorgte. Alle zwei Jahre wird sie umgetopft, auf dass sie ihr schwächliches Grün nicht gänzlich abwirft. Und natürlich ist da der für sie eingebaute braune Kachelofen, ein Holländerofen, wie sie ihn nannte, obwohl es Holländer geben soll, die behaupten, dass solche Öfen in Holland unbekannt seien. Hier hatte die Teekanne ihren festen Platz, und auf der Ofenbank saß sie für ihr Leben gern, plauderte, nein, »schwätzte« in ihrem nie verloren gegangenem rheinhessischen Dialekt. Auch mit ihrer Kollegin und Freundin Christa Wolf machte sie es sich da bequem.

Sieht man sich Fotos aus der Zeit an, als Anna Seghers ihre Gäste empfing, als Halldór Laxness, Jorge Amado, Stefan Heym oder Stephan Hermlin auf einen Kaffee oder Wein vorbeikamen oder als der legendäre Mainzer Oberbürgermeister Jockel Fuchs ihr – trotz mancher Proteste zu Hause – die Ehrenbürgerurkunde

Oben: Blick aus dem Küchenfenster

ihrer Geburtsstadt überreichte, braucht es keine große Anstrengung der Fantasie, um diese Szenen nachzuleben – sobald man nur langsam durch dieses so gar nicht pompöse kleine Museum, das nur einen kleinen Ausstellungsraum (mit den Auslandslizenzausgaben des *Siebten Kreuzes*) aufweist, schlendert und sich auf einen der schlichten Stühle setzt. Keine rote Kordel hindert einen daran.

Bei Bedarf eilt Monika Melchert auskunftsfreudig herbei, doch – wenn gerade keine Schulklassen vorstellig werden – ist es so, als hätte man eine stille, unspektakuläre Zeitreise angetreten, zurück in die Sechziger-, Siebzigerjahre. Damals war Anna Seghers die weltweit geachtete Grande Dame der DDR-Literatur; ihre persönliche Geschichte und ihr Ruhm machten sie in gewisser Weise unantastbar, obschon ihre Reisen in den Westen manchen ein Dorn im Auge waren. Sie schrieb in der DDR weiter Romane und Erzählungen, wenngleich keine dieser Arbeiten – weder *Die Toten bleiben jung* noch *Die Entscheidung* oder *Das Vertrauen* – trotz hoher Auflagen an frühere Erfolge anzuknüpfen vermochte. Zur »gesamtdeutschen« Schriftstellerin konnte sie, anders als Christa Wolf, nicht avancieren, denn dafür war sie zu eng mit der DDR und ihren Oberen verbunden und manchem westdeutschen Literaturkritiker allein deshalb suspekt.

Von 1952 bis 1978 stand sie dem Schriftstellerverband der DDR vor; sie erhielt Auszeichnungen und repräsentierte ihr Land auf Kongressen im Ausland. Anna Seghers war auch eine Funktionärin der Literatur, und als solche verzichtete sie darauf, lautstark gegen das zu protestieren, was den real existierenden Sozialismus der DDR von ihren Nachkriegshoffnungen mehr und mehr trennte. Es hat Kritik, auch nach ihrem Tod, daran gegeben, dass sie sich zu gerne feiern ließ – was immer sie insgeheim an den Zuständen in ihrem Land auszusetzen hatte. »Die Deutsche Demokratische Republik ist seit ihrer Gründung das Land, in dem ich leben und arbeiten will«, ließ sie 1976 nach der Ausbürgerung Wolf Biermanns verlauten – eine Äußerung, die diejenigen schmerzte, die sich nicht damit zufriedengaben, dass Anna Seghers oft hinter den Kulissen auf ihre Art versucht hatte, politischen Einfluss zu nehmen.

Dass ihre Funktionärstätigkeit mit vielen misslichen Pflichten verbunden war, begriff sie rasch – ohne sich aus diesem Hamsterrad befreien zu können. 1956 schrieb sie: »Hier auf meinem kleinen Balkon am letzten Haus in der Straße ist es wie auf einem Mastkorb, wenn ich aber hereingehe und mich nur ein bisschen rege, kommen schon wieder Horden von Menschen, ich weiß gar nicht, wovon sie

»Damals war Anna Seghers die weltweit geachtete Grande Dame der DDR-Literatur.«

merken, dass jemand da ist.« Lektoratsleiter Günter Caspar vom Aufbau Verlag hielt eindrücklich fest, wie es im Seghers'schen Wohnzimmer zuging und wie die Prinzipalin mit ihrem streng zurückgebundenen Haar darin agierte: »Hier bewirtet Anna Seghers den Besucher (›das da ist scharf, das süß‹), erfragt das Wichtige und das Nebenbei (›weiß keinen Tratsch‹), erzählt den neuen Roman von Amado, erkundet sich nach Lesestoff (›hast nichts Spannendes‹), schleppt Bücher heran, zeigt einen Umschlag, der ihr gefällt (…), telefoniert zwischendurch, notiert umständlich ins Merkheft, verabredet was (›ich ruf dir an‹), spricht, lacht, hört zu, schweift ab, ist still und nachdenklich und quirlig und schnell. Hier, in diesem Zimmer, das ›Der Bienenstock‹ heißen könnte, hier, nun doch ein Ruhepunkt seit fast dreißig Jahren, sitzen die Gäste aus Berlin und Neuhaus am Rennweg, aus Moskau und Paris, aus Rio de Janeiro und Mexiko-City und aus wer weiß wieviel Städten und Orten aller Welt.« Und wenn alle Besucher endlich abzogen und Ruhe einkehrte, dann schaltete Anna Seghers vielleicht ihren braunen Radioapparat, ein Röhrengerät Marke Stradivari, an. Auch diese Errungenschaft der DDR-Technologie steht unverrückt an ihrem angestammten Platz.

Nichts wäre dieser »Bienenstock« ohne die Bücher, ohne die rund zehntausend Bücher, die sich, zum Teil dreireihig stehend, über die ganze Wohnung verteilen – am konzentriertesten in ihrem Arbeitszimmer, wo sie vor allem die Werke der ihr besonders lieben Autoren um sich scharte. Auf dem Schreibtisch steht die klapprige Remington-Schreibmaschine, die sie, Zigarette rauchend, zeitlebens traktierte. Daneben eine Stifteschale, ein Holzschächtelchen, ein Miniatursombrero, ein Hufeisen, das zu den vielen, vielen kleinen, häufig von Reisen mitgebrachten Schmuck- und Erinnerungsstücken zählt, die sich überall ausbreiten.

Ein Ordnungssystem ihrer Bücher, die vor Jahren sorgsam katalogisiert und dann wieder an ihren alten, quasi historischen Platz zurückgestellt wurden, ist selbst mit größtem Scharfsinn nicht zu erkennen. Hinter ihrem Schreibtisch finden sich Laxness, B. Traven, die geliebten Russen Tolstoi, Dostojewski und Bulgakow, Franzosen wie Proust, Barbusse, Rolland und Sagan. Daneben Erstausgaben von Christa Wolfs *Kindheitsmuster* zum Beispiel, das die Autorin ihrer Duz-Freundin im Dezember 1976 widmete. Als ich vorsichtig in dem Band blätterte, fällt mir ein Päckchen Schlafmittel entgegen, zehn Tabletten der Marke Elrodorm zu je 0,25 Gramm. Selbst dieses hat den Archivierungsvorgang zum Glück heil überstanden.

Rechts: Der Radioapparat Marke Stradivari

Auf der anderen Seite des Arbeitszimmers hängt die Kopie – das Original befindet sich inzwischen in der Berliner Staatsbibliothek – eines Briefes, der eine wichtige Rolle in Anna Seghers' Leben spielte. Heinrich Heine schrieb ihn 1848 an seine Mutter, und als Anna Seghers mit ihrer Familie ins Exil ging, machte ihr Vater dieses Schriftstück zum Geschenk – mit dem pragmatischen Gedanken, dass der Verkauf des wertvollen Schreibens den Flüchtenden finanziell weiterhelfen könnte. Natürlich veräußerte Seghers diesen Brief nie, zumal Heine zu ihren Lieblingsdichtern zählte und sie Parallelen zwischen seinem und ihrem Lebensweg sah. Auf Umwegen gelangte der Brief nach Adlershof, in ihr Arbeitszimmer.

Anna Seghers gehörte zum Adlershofer Straßenbild – wenn sie etwa lautstark disputierend mit Berta Waterstradt spazieren ging. »Ich habe sie viele Jahre lang«, erinnerte sich der Drehbuchautor Wolfgang Kohlhaase ein Jahr nach ihrem Tod, »durch diesen Ort gehen sehen, in sich gekehrt, in Gedanken, als sie älter war, mit einem Stock. So haben sie viele Leute gesehen, auch solche, die nicht viel

von ihr gelesen haben, aber vielleicht etwas von der Mühe ihrer Arbeit ahnten, weil Leute, die selbst arbeiten, ein Gefühl für die Arbeit anderer haben.« Je älter sie wurde, desto einsamer fühlte sie sich. Mit ihrer Gesundheit stand es nicht zum Besten, sie brauchte Hilfe. Politische Enttäuschungen kamen hinzu, Verluste wie der Tod ihres Mannes 1978.

Anna Seghers hat über dreißig Jahre in Adlershof gelebt; als »Heimat« hätte die Weitgereiste, deren Prosa so viele Details aus den ihr vertrauten fernen Ländern aufgesaugt hat, Adlershof nie bezeichnet. 1972 schrieb sie in einem Brief von ihrer Sehnsucht: »Zwei Plätze gibt es in dieser mir gleichgültigen Wohnung, die mich freuen, ein Eck im Fenster meines kleinen Schlafzimmers, aus dem man weit raus sehn kann und sich einbilden, dahinter läge das Meer und die Schiffe oder sonst was. Und gut ist auch auf dem kleinwinzigen Balkon zu liegen und ich guck mir abends die Vögel an und frage mich, warum sie herumfliegen und ich denke auch, dass so einen Flug die Menschen noch nicht erfunden haben.«

Ihr Befinden verschlechterte sich rapide. Ende 1982 bleibt ihr keine andere Wahl, als in ein Altersheim zu übersiedeln, nach Friedrichshagen nicht weit vom Müggelsee. Ein halbes Jahr später starb Anna Seghers; am 8. Juni 1983 erhielt sie ein aufwendiges Staatsbegräbnis. »Unserer Genossin Anna Seghers, der weltbedeutenden Schriftstellerin und kampferprobten Kommunistin«, stand auf der Schleife des Kranzes, den das SED-Zentralkomitee auf ihr Grab legte. Eine Ikonisierung, eine Vereinnahmung, die ihr nicht gerecht wird und die niemandem davon abhalten sollte, sich mit dieser großen, widersprüchlichen Schriftstellerin auseinanderzusetzen.

»Zwei Plätze gibt es in dieser mir gleichgültigen Wohnung, die mich freuen, ein Eck im Fenster meines kleinen Schlafzimmers, aus dem man weit raus sehn kann und sich einbilden, dahinter läge das Meer und die Schiffe oder sonst was.«

ANNA SEGHERS

EMPFEHLUNG:
Wer die Gräber von Anna Seghers und László Radványi besuchen will, kommt nicht umhin, Adlershof zu verlassen und sich nach Mitte zu begeben, zum Friedhof der Dorotheenstädtischen und Friedrichswerderschen Gemeinden (Zugang: Chausseestraße 126). Ein ausgedehnter Rundgang über diesen Parkfriedhof lohnt sehr, vor allem wenn man sich auf die Fährten von Dichtern und Denkern begeben möchte. Helene Weigel, Bertolt Brecht, Georg Wilhelm Friedrich Hegel, Johann Gottlieb Fichte, Heiner Müller, Wolfgang Herrndorf, Thomas Brasch, Wolfgang Hilbig, Herbert Marcuse, Gisela May, Elfriede Brüning, Christa Wolf – sie alle und viele mehr sind auf diesem Friedhof begraben.

ZUM WEITERLESEN:
Monika Melchert: *Heimkehr in ein kaltes Land. Anna Seghers in Berlin 1947 bis 1952.* – Ernst Stöckmann: *Anna Seghers in Adlershof.* – Frank Wagner u.a. (Hrsg.): *Anna Seghers. Eine Biographie in Bildern.* – Christiane Zehl Romero: *Anna Seghers. Eine Biographie 1947 – 1983.*

DAS ASYL DER GASTFREUNDSCHAFT

JUSTINUS KERNER UND WEINSBERG

»Die hiesige Gegend ist überhaupt sehr merkwürdig, trägt ein charakteristisches Leben«, schrieb der 32-jährige Justinus Kerner an Ludwig Uhland, als er 1819 als Oberamtsarzt nach Weinsberg kam. Drei Jahre später siedelte er mit seiner Familie in ein von Baumeister Hildt erbautes Haus an der Öhringer Straße, »in einer sehr schönen Lage unter lauten Fruchtbäumen«, wo er bis zu seinem Tod 1862 lebte. Wie kaum ein anderes Dichterhaus im »Ländle« lässt es in jedem Winkel den Geist seines schaffensfreudigen Besitzers aufleben. Man versteht, warum zahllose Künstler, Wanderer und Kranke einst Zuflucht in diesem »Asyl der Gastfreundschaft« (Friedrich Theodor Vischer) suchten – in einem keineswegs übermäßig großen Haus. Nicht vorstellbar wäre diese Freigiebigkeit ohne die Energie der Hausfrau Friederike Kerner, einer Ruiter Pfarrerstochter, die Wahrheit und Legende längst zum dienenden, treusorgenden Geist der Künstlerzusammenkünfte stilisiert haben. Ob Kerners Frau, das »Rickele«, sich selbst in dieser Rolle immer gefallen hat, steht auf einem anderen Blatt. Unbestreitbar und vielfach belegt bleibt ihre Fähigkeit, einen beengten Haushalt auch in finanziellen Notzeiten geschickt und fürsorglich organisiert zu haben, sodass ein Gast wie Nikolaus Lenau versicherte: »Wer bei Ihnen isst, dem ist es, als äße er die Lieblingsspeise seiner Jugend.«

Friederikes Tod im Jahre 1854 brachte Justinus der Verzweiflung nahe, schien seine latente Angst vor Verlassenheit aufs Grausamste zu bewahrheiten. Dreizehn Jahre zuvor hatte er diesen Schrecken vorausgeahnt und in einem seiner schönsten Gedichte – *An Sie im Alter* – zu bannen gesucht: »Würdest sterben du vor mir / Würd' dein Tod den Tod mir geben, / Denn wie könnt' ich, ach! noch hier / Mit zerteiltem Herzen leben? // Wäre wie der alte Baum, / Den der wilde Sturm gespalten / Bis zur Wurzel, dass er kaum / Kann sich überm Abgrund halten. // Sinken muss er in die Kluft / Der zerrissne, blätterlose. – / Sänke bald in deine Gruft, / Dass uns deckten gleiche Moose.«

Noch wer heute – am besten an einem Wochentag, wenn man oft allein für sich ist – im renovierten Kernerhaus einkehrt und durch die geduckten Zimmer geht, darf sich ein Bild davon machen, wie lebhaft es hier einst zugegangen sein mag. Das Haus, die Terrasse, der Garten und der Geisterturm – ein vormaliger Gefängnisturm mit Plattform – bilden eine Einheit, die ein wenig von der offenen Herzlichkeit alter Tage verklärend bewahrt hat. Die Zeit scheint im Kernerhaus stehen geblieben zu sein. Es mangelt offensichtlich am Geld, um das Ganze

Zahlreiche Anekdoten ranken sich um den übermütigen, trinkfesten Melancholiker Kerner.

aufzupolieren, die leicht modrige Patina wegzupusten. Doch womöglich macht gerade das heute den Reiz dieses feinen Dichterortes aus. Im Erdgeschoss sind Kerners Lebensstationen dokumentiert, sein Wirken als Dichter und Arzt, sein Freundeskreis. Im Obergeschoss, wo sich die Wohnräume der Familie befanden, wurde der Wohncharakter weitgehend wiederhergestellt.

Kerners Biografie zeigt ein Nebeneinander von tiefer Resignation und ausgelassener Herzlichkeit. Seine vielfältigen Begabungen und seine schillernde Persönlichkeit haben ihn in der Geistesgeschichte des frühen 19. Jahrhunderts fest verankert, obgleich sein literarisches Werk ein wenig in Vergessenheit geraten ist. Um keinen anderen schwäbischen Dichter ranken sich so viele Anekdoten wie um den übermütigen, trinkfesten Melancholiker Kerner; etliche davon hat Sohn Theobald in seinem Buch *Das Kernerhaus und seine Gäste* überliefert.

In diesen Erinnerungen lesen wir beispielsweise davon, wie Vater und Sohn die Weinsberger Frauen auf den Pfannkuchenprüfstand stellten und sich nacheinander bekochen ließen. Manche der Objekte, die man den beiden vorsetzte, waren indes »lederzäh« oder »dünn wie Postpapier«. Die besten – so das nicht überraschende Testergebnis – gab es ohnehin im Kernerhaus, wo Friederike ihres Amtes waltete. Als Arzt erwarb sich Kerner Meriten durch eine von ihm selbst aufgesetzte »Kesselsuppe«, durch seine Studie *Neue Beobachtungen über die in Württemberg so häufig vorgefallenen tödtlichen Vergiftungen durch den Genuss geräucherter Würste*, wo von schrecklichen Beispielen männlicher Wurstgier die Rede ist. Beinahe wäre auch ein Weinsberger Stadtrat zu Tode gekommen, der den fauligen Geschmack einer geräucherten, kräftig in Essig und Öl getränkten Leberwurst erst nach der dritten Scheibe bemerkte. Die Grundlage von Kerners ärztlicher Kunst blieb stets die genaue Beobachtung, auch wenn diese gelegentlich erstaunliche Therapievorschläge nach sich zog: Als Kerner einen dem Anschein nach an Asthma leidenden Schuhmacher untersuchte, stellte er fest, dass dessen »Körper von einer Fett- und Schmutzkruste förmlich überzogen war«. Nachdem dem Mann eine dreiwöchige Kur mit Bodenbürste und Wasser verordnet worden war, konnte er auf natürliche Weise geheilt werden, und erspart blieb ihm so ein unangenehmes Schicksal: »So erstickt mancher im Schmutz an verstopften Hautporen wie ein Frosch, den man lackiert.«

Kerners Beschäftigung mit dem Somnambulismus, dem Magnetismus und Geisteskrankheiten unterschiedlichster Art setzten in den 1820er-Jahren ein. Dass er diese Phänomene hartnäckig verfolgte, lag nicht zuletzt am Schicksal etlicher

Rechts: Auf der Weibertreu

seiner Dichterfreunde. Bereits 1823 nahm er den Romancier und Lyriker Graf von Loeben »zur Behandlung seiner Geisteskrankheit« bei sich auf. 1843 erlebte er den Tod des umnachteten Hölderlin, und ein Jahr darauf entlud sich der Wahnsinn Nikolaus Lenaus, der seit Langem regelmäßiger Gast im Kernerhaus gewesen war. Lenau (Nikolaus Franz Niembsch Edler von Strehlenau) selbst hat sich an eine befremdliche Begrüßungsszene in Weinsberg erinnert: »Ein Diener wies mich eine Treppe hoch in die Wohnung des Doctors. Ich trat in eine Stube, sie war leer; ich wartete eine Weile, da mir aber niemand entgegenkam, öffnete ich die Tür zur zweiten Stube, auch diese war leer, in die dritte endlich eingetreten, sah ich ein wunderliches Bild: Auf dem Boden ausgestreckt lag lang und breit ein Mann, ihm zur Seite eine Frau, zur Linken und Rechten von ihnen Kinder. Sie lagen unbeweglich, doch konnte ich merken, dass sie lebten. Ich blieb betroffen stehen, die liegende Gruppe tat ebenfalls nichts dergleichen, als ob ein Fremder eingetreten wäre. Ich nannte endlich meinen Namen. ›Ah willkommen, lieber Niembsch! Wir probieren da eben, wie es sein wird, wenn wir so nebeneinander im Grabe liegen werden.‹«

Trotz ihres ungewöhnlichen Auftakts dauerte die Freundschaft mit Lenau an. Im Geisterturm entstanden Lenau'sche Werke, bisweilen gar unter dämonischem Einfluss: »Wenn ich im Turmzimmer an meinem Faust dichte, fühle ich oft deutlich, wie der Teufel hinter mir steht und mir über die Achsel ins Manuskript schaut.« Zu Lenaus Freundschaftsbekundungen zählt ein Kristallglas, das er dem Gastgeber 1834 zum Geschenk machte. Siebenundzwanzig Jahre später errechnete

Kerner, welche Weinmenge er aus diesem Glas getrunken haben mochte: Ausgehend von einer Tagesration, die sich zumindest auf zweieinhalb Liter eines leichten, weißen Tischweines belief, ergab sich eine Summe von etwa 21.000 Litern. Welcher andere Dichter hätte es folglich mehr verdient als Kerner, Namensgeber einer Rebsorte zu sein?

Kerners Trinkfreudigkeit erinnert an die langen, diskussionseifrigen und herzlichen Stunden, die er mit Freunden in Weinsberg verbrachte. Noch heute ruft sein Haus die Vorstellung wach, als säßen sie im Sommer unverbrüchlich auf der Terrasse, die Lenaus und die Uhlands, die Schwabs und die Pfaus. Das Prunkstück des mit vielen Erinnerungsstücken ausgestatteten Hauses ist gleichwohl das Sargzimmer im zweiten Stock, das man originalgetreu zu restaurieren versucht hat. Der niedrige Raum mit Tonnengewölbe, die nachgedruckte Biedermeiertapete und die alte Fußbodentönung – ja, hier, so darf man der Fantasie ungezügelten Lauf lassen, hat sich in später Nacht einer der Gäste Kerners zurückgezogen, von Wein und Versen besäuselt und in der wohligen Gewissheit, einen behaglichen Unterschlupf gefunden zu haben – wenn auch in einem Sargzimmer.

Der arbeitsame Kerner, der sich, als sich Anfang der 1840er-Jahre ein hartnäckiges Augenleiden einstellte, manchmal wie ein »Gaul in einer Tabakmühle« fühlte, behandelte die Bauern der Umgebung ebenso gewissenhaft wie prominente Kranke, darunter Friederike Hauffe, die Seherin aus Prevorst. Daneben fand er Zeit, sich um den Erhalt der Burg Weibertreu zu kümmern, schrieb das *Bilderbuch aus meiner Knabenzeit* – und nicht wenige Gedichte, die einen Stammplatz in Lyrikanthologien haben, wie *Der Wanderer in der Sägemühle*, das Franz Kafka zu seinem Lieblingsgedicht erklärte: »Dort unten in der Mühle / Saß ich in süßer Ruh / Und sah dem Räderspiele / Und sah den Wassern zu. // Sah zu der blanken Säge, / Es war mir wie ein Traum, / Die bahnte lange Wege / In einem Tannenbaum. // Die Tanne war wie lebend, / In Trauermelodie, / Durch alle Fasern bebend / Sang diese Worte sie: // Du kehrst zur rechten Stunde, / O Wanderer! hier ein, / Du bist's, für den die Wunde / Mir dringt ins Herz hinein. // Du bist's, für den wird werden, / Wenn kurz gewandert du, / Dies Holz im Schoß der Erden, / Ein Schrein zur langen Ruh. // Vier Bretter sah ich fallen, / Mir ward's ums Herze schwer, / Ein Wörtlein wollt' ich lallen, / Da ging das Rad nicht mehr.«

Keiner der Gäste des Kernerhauses damals ließ es sich entgehen, das Wahrzeichen des Städtchens zu begehen – ein Wahrzeichen, das jeder Autofahrer kennt.

Die Zeit scheint im Kernerhaus stehen geblieben zu sein.

Rechts: Das Sargzimmer

Denn wer am Weinsberger Autobahnkreuz in den Stau gerät, hat Muße, sich am Anblick der unübersehbaren Burgruine Weibertreu zu erfreuen. Heute von Weinstöcken umschlossen, erinnert der Name der im 11. Jahrhundert erbauten Burg an eine oft nacherzählte Episode aus dem Jahr 1140, die zu schön ist, um sie nicht zu glauben. Stauferkönig Konrad III. eroberte damals die Burg und erlaubte den Weinsberger Bürgerinnen, fortzutragen, »was sie auf ihren Schultern vermöchten«. Die »treuen Weiber« überlegten nicht lange und nahmen ihre verdutzten Männer huckepack.

Vom Parkplatz an der Hildthalle führt ein kurzer, steiler Fußweg, der »grasige Hag«, durch die Weinberge hinauf zur Burg. Für 2 Euro Eintritt darf man deren spärliche Überreste besichtigen: einen Teil des Bergfrieds, die Ringmauer und vor allem den Dicken Turm, der in Stein gehauene Literaturgeschichte darstellt. In seinem Kellergeschoss hat eine Ausstellung über die »Herren von Weinsberg« ihren Platz gefunden. Maßgeblichen Anteil daran, dass die im Bauernkrieg zerstörte Burg nicht gänzlich verfiel, hat Justinus Kerner. Zusammen mit rechtschaffenen Bürgerinnen gründete er bald darauf den Frauenverein zu Weinsberg, der Spenden

einwarb und sich daranmachte, die Burganlage von den gröbsten Verwüstungen zu befreien und wieder begehbar zu machen.

Um ein Haar wäre aus der Weibertreu noch zu Kerners Lebzeiten ein frühes feministisches Monument geworden. Doch die tief emanzipatorischen, von der Weltenburger Walhalla inspirierten Pläne des Architekten Karl Alexander von Heideloff, auf dem Berg eine »Ruhmeshalle für Frauen« mit allerlei »Marzipantürmen« zu errichten, blieben ein Luftschloss. Wer alles im Lauf der Zeit Burg und Kernerhaus besuchte, lässt sich dank einer Initiative von Kerners Sohn Theobald an den Inschriften im Dicken Turm nachlesen. Dichter wie Clemens Brentano, Wilhelm Hauff, Berthold Auerbach, Hermann Kurz oder Friedrich Theodor Vischer verewigten sich in diesem »Steinernen Album«, und wenn man – unter der Woche, wenn sich kaum jemand auf die Weibertreu verirrt – Glück hat und der Wind durch die Mauerritzen streicht, erklingen die Äolsharfen in den Schießscharten. Auch das eine Idee des rührigen Justinus Kerner.

Die Weibertrau ist trotz aller verdienstvollen Restaurierungen eine schlichte Ruine geblieben, die sich nicht protzig zur Schau stellt und manches von einer langsam dahinmodernden Vergänglichkeit bewahrt. Wie oft wohl ist Kerner hier oben gewesen, allein, um der Ruinenstimmung zu frönen, oder mit Freunden, um sich am herrlichen Ausblick zu erfreuen? »Nächste Weinlese komme ich wahrscheinlich zu Dir und bringe Wiener Raketen mit, die auf der Weibertreu steigen sollen«, schrieb Lenau 1835 – eine schöne Vorstellung.

Kerners Einsatz für den Erhalt der Weibertreu fiel in seine letzte Lebensphase. Was sich nach den Tod seiner Frau schärfer abzeichnete, bestimmte unterschwellig auch die vorangegangenen Lebensjahrzehnte: Seine Offenherzigkeit und sein Wunsch nach Gemeinschaft wussten insgeheim um die Brüchigkeit der Freundschaftsbündnisse. Kerner fürchtete sich, den Hintergründen seiner Heiterkeit ausgeliefert zu werden. »Vom Turme aus sah ich sonst die Weibertreu, die Löwensteiner Berge, das Grab der Seherin, jetzt liegt nur noch eine schwarze Masse vor mir! Und wie traurig stimmt diese ewige Nacht die Seele«, so wehklagte der zuletzt fast völlig Erblindete. Doch auch zuvor, ohne die unmittelbare Einwirkung der Krankheit, brach die Verzweiflung nicht selten jäh aus ihm heraus. 1837 schrieb er an Sophie Schwab: »Es kommt mir immer trauriger vor, dass Ihr so weit fort seid, und ich komme mir selbst verlassen vor. Es ist ein Jammer, dieses Leben! Der Herbst ist trüb, seine Freuden sind kalt und die Trauben hängen wie Choleraleichen an den Stöcken.«

Acht Jahre nach Friederikes Tod starb Kerner im Februar 1862. Ein letzter Wille aus dem Jahr 1850 hatte für sein Begräbnis bereits das Nötige angeordnet: »Meine Leiche soll man in aller Stille ohne Gesang und Klang wie die meines Vaters begraben. Mit meinem Sohne und dem Tochtermann soll nur noch ein Freund und ein Geistlicher, sonst niemand meine Leiche zum Grabe geleiten. Keine Rede soll gehalten, auch nicht gesungen werden. Man soll ein stilles Vaterunser beten, den Sarg versenken und dann fortgehen. Dies soll geschehen und nichts andres.« Gehalten haben sich die Freunde und Weggefährten daran nicht. Sie und viele Weinsberger Bürger begleiteten den Sarg auf seinem Weg durch die Stadt. Ein Indiz für die Popularität, die Kerner damals besaß und die sich zum Teil bis heute erhalten hat, zumindest in urschwäbischen Kreisen. Seine 1818 verfasste Ballade *Der reichste Fürst* gilt so vielen als heimliche württembergische Landeshymne. Die Verse sind eine Hommage an den Grafen Eberhard im Bart, der sich – der Überlieferung nach – in der Bevölkerung so hoher Beliebtheit erfreute, dass seine Kollegen nicht umhinkamen, ihn als den »Reichsten« unter den Ihren zu wertschätzen: »Eberhard, der mit dem Barte, / Württembergs geliebter Herr, / Sprach: ›Mein Land hat kleine Städte, / Trägt nicht Berge silberschwer; / Doch ein Kleinod hält's verborgen: / Dass in Wäldern, noch so groß, / Ich mein Haupt kann kühnlich legen / Jedem Untertan in Schoß.‹ / Und es rief der Herr von Sachsen, / Der von Bayern, der vom Rhein: / »Graf im Bart! Ihr seid der Reichste! / Euer Land trägt Edelstein!«

Und wenn wir schon beim toten Justinus Kerner angelangt sind: Wer in Weinsberg sein Haus, das nahegelegene Alexanderhäuschen, in dem die zu Besuch gekommenen Freunde unterkamen, und die Weibertreu aufsucht, sollte ein paar Kilometer weiterfahren, nach Löwenstein. »Malerisch-romantisch«, heißt es in einem Reiseführer der 1930er-Jahre, schmiege sich das Städtchen an den Berghang und biete ein »reizendes mittelalterliches Gesamtbild«. Bis heute hat sich dieses in vielem erhalten, und wer, von Willsbach kommend, mit dem Auto die Haarnadelkurven der B 39 hinter sich gebracht, sollte seine Fahrt im Ortskern unterbrechen.

Mit einem Hörnchen mit Eis, von Konditor Sammet hergestellt, in der Hand hat man, vorbei am Gasthof Hohly, nach gut 300 Metern einen der beschaulichsten Flecken des Unterlands erreicht: den Löwensteiner Waldfriedhof. Mit windschiefen Obstbäumen bestandene Wiesen fallen steil hinab und

säumen den Weg zum Friedhof. Sorgsam aufgeschichtete Brennholzstapel hier und dort würden den alten Holzweibern in Otfried Preußlers *Die kleine Hexe* helle Freude bereiten. An diesem Platz, denkt man unwillkürlich, möchte man begraben sein und, wenn es die denn gibt, seine letzte Ruhe finden. Weit erstreckt sich der Blick ins Weinberger Tal, Hößlinsülz zur Linken und der Breitenauer See zur Rechten.

Läge man dort, hätte man gute Gesellschaft. Manfred Kyber zum Beispiel, der 1933 verstorbene Märchenerzähler und Tierschutzverfechter, ist hier begraben. Ein schlichter, wuchtiger Findling markiert sein Grab. Im Hohly'schen Familiengrab wenige Schritte weiter ruht der spätexpressionistische, für seine Pferdebilder bekannte Maler Richard Hohly. Und natürlich gedenkt man hier Justinus Kerners berühmtester Patientin, der 1829 in Löwenstein jung verstorbenen Friederike Hauffe, der »Seherin von Prevorst«. Ihr Grabsockel trägt ein Goldkreuz, das im Abendlicht weit ins Tal leuchtet. Errichtet wurde es vom Grafen von Maldeghem aus Niederstotzingen, dessen an einer Nervenkrankheit leidenden Ehefrau – wie Justinus Kerner in seiner vielfach aufgelegten Monografie über Friederike Hauffe berichtet – dank der magischen Kräfte der somnambulen

Seherin geheilt wurde. Eine der Sockelinschriften preist die Gaben der seinerzeit von vielen Geistesgrößen besuchten Prevorster Försterstochter: »Du hast zunichte gemacht die Weisheit der Weisen.«

EMPFEHLUNG:
Den Weintrinker Kerner würdigt man auf angemessene Weise, wenn man in Weinsberg das vielfach prämierte Staatsweingut Weinsberg aufsucht – und sich mit der nach Aprikose, Pfirsich, Orangenschalen und Stachelbeere schmeckenden Weißweincuvée »Justinus K.« eindeckt. Und wer in Weinsberg war, muss weiterfahren ins nahgelegene Cleversulzbach, wo Kerners Dichterfreund Eduard Mörike ein Jahrzehnt als Pfarrer wirkte, es heute ein Mörike-Museum gibt – und einen Friedhof, auf dem gleich zwei Dichtermütter ruhen: Charlotte Mörike und Elisabetha Schiller.

ZUM WEITERLESEN:
Justinus Kerner: *Sinnliches und Übersinnliches.* – Felix Huby/Hartwin Gromes: *Die Kerners. Eine Familiengeschichte.* – Kurt Seeber: *Burg Weibertreu. Rundgang, Geschichte, Inschriften.* Aktualisiert von Manfred Wiedmann.

Rechts: Uhr und Äolsharfen

IM SOMMERLICH PRANGENDEN PARK

ARTHUR SCHNITZLER UND WIEN

Wien – damit verbinden viele nur den 1. Gemeindebezirk, die Innere Stadt. Man flaniert über die Kärntner Straße und den Graben, besteigt den Stephansdom oder einen Fiaker, besichtigt die Hofburg, verbringt den Abend, sofern man Karten ergattert hat, im Burgtheater oder in der Staatsoper und genießt die sorgsam gepflegte Atmosphäre in den Kaffeehäusern und Luxushotels. Wiens erster Bezirk zehrt von seinem Renommee als Ausbund prächtiger Architektur, die zugleich den Ruch des leicht Morbiden und Dekadenten mitschwingen lässt.

In der Inneren Stadt, vor allem am Ring zu wohnen, das galt lange als Kennzeichen von Anerkennung und Wohlstand. Auch Arthur Schnitzlers Eltern, der Medizinprofessor Johann und seine Frau Luise, strebten nach diesen Insignien, ablesbar am Wechsel ihrer Wohnungen und der damit einhergehenden langsamen Annäherung an die prestigeträchtige Innenstadt. Ihr ältester Sohn Arthur wurde 1862 geboren, als man noch in der Leopoldstadt, im zweiten Bezirk wohnte, in einem – wie es in Schnitzlers Autobiografie *Jugend in Wien* heißt – »vornehmen und angesehenen Viertel« mit hohen Mietshäusern. Praterstraße 16 lautet die Adresse des Geburtshauses. Die Wohnung der Schnitzlers lag im dritten Stock, eine Plakette an der rosafarbenen Fassade erinnert daran. Gegenüber an der Abzweigung Zirkusgasse steht, seit 1983, das von Oskar Thiede 1929 geschaffene Denkmal des Dramatikers Johann Nestroy.

Der Jude Johann Schnitzler »strebte nach Assimilation und Aufstieg in die großbürgerliche Gesellschaft« (Anne-Catherine Simon), und so zog man bald in den ersten Bezirk, in die Schottenbastei und dann in die Bösendorferstraße (damals Giselastraße) 11. Das stattliche Haus hatte den Vorteil, dass es zwei in unterschiedliche Richtungen weisende Fassaden besaß und Vater Schnitzler so als inoffizielle (und nobler klingende) Adresse »Kärntnerring 12« angeben durfte, obschon die Wohnungsfenster auf die Giselastraße gingen.

Von hier aus ist es nicht weit bis zum Akademischen Gymnasium am Beethovenplatz, dessen Geschichte bis ins 16. Jahrhundert zurückreicht. Ich nutze den schulischen Vormittagsbetrieb, gebe mich seriös, betrete das Gymnasium, als gehörte ich zum Lehrkörper, und setze mich auf eine harte Bank im Entree. An welche der Schülerinnen und Schüler, die lärmend von einem Klassenraum zum nächsten eilen, wird man sich in fünfzig oder hundert Jahren stolz erinnern? Manche von ihnen wissen wohl, dass ihr Gymnasium eine beachtliche literarische Vergangenheit besitzt: Arthur Schnitzlers fast gleichaltrige Freunde Richard Beer-Hofmann und Peter Altenberg gingen hier zur Schule; später kam Hugo von Hofmannsthal dazu. Rechts vom Haupteingang weisen Plaketten darauf hin, dass das Akademische Gymnasium offensichtlich vielfältige Talente förderte: Auch der Rechts- und Politikwissenschaftler Hans Kelsen und die Physiker Erwin Schrödinger und Lise Meitner legten hier ihre Matura ab.

1870, kurz vor Arthur Schnitzlers Eintritt ins Gymnasium, zog die Familie erneut um – in ein prachtvolles, gegenüber dem Hofgarten gelegenes Haus mit der erstrebten Adresse: Burgring 1. Man hatte es also geschafft und durfte auf einen Wohnort verweisen, der großbürgerlichem Habitus gemäß war. Hier wuchs Arthur auf, in einem familiären Umfeld, das »sorglos und reich an kulturellen Impulsen« (Giuseppe Farese) war. Bis zu Johannes Schnitzlers Tod 1893 blieb die Wohnung am Burgring der Familiensitz. Im Innenhof des Hauses ist noch zu erkennen, wo einst die Dienstboten (ohne Fahrstuhl) und wo die Herrschaften (mit Fahrstuhl) logierten.

Schönerweise hat sich eine literarische Brücke zu den Schnitzlers erhalten, denn Burgring 1 lautet bis heute die Adresse einer der schönsten Wiener Buchhandlungen, des Antiquariats Burgverlag. Ein Zufall, der für mich natürlich kein Zufall ist, führte dazu, dass dessen Besitzer Robert Schoisengeier mich bei einem meiner letzten Besuche dezent auf eine seltene Erstausgabe hinwies. Wissend, dass seine buchvernarrten Kunden nur einen geringen Anstoß brauchen, um hellhörig zu werden, präsentierte er eine Erstausgabe von Schnitzlers berühmter Novelle *Lieutenant Gustl*. 1901 ist sie bei S. Fischer erschienen, mit wunderbar verhalten düsteren Illustrationen von Moritz Coschell, der – für die vordere Umschlagseite – den Titelhelden eingefangen hat, wie er verzweifelt auf einer Praterbank sitzt. 1.800 Euro sollte diese prachtvolle Ausgabe kosten, ein Betrag, der mein Budget schmerzlicherweise überschritt. Doch zum Glück war nicht nur die Erstauflage im Angebot, sondern auch ein im selben Jahr erschienenes Exemplar der 6. Auflage, ein gut erhaltenes Stück, das für akzeptable 100 Euro zu haben war. Selbstverständlich hat es sofort seinen Besitzer gewechselt.

Die Geschichte vom Leutnant Gustl schrieb Literaturgeschichte, weil sie die Erzähltechnik des inneren Monologs perfektionierte. Sie zeigt einen Autor, der in seiner Prosa und seinen Theaterstücken unnachahmlich das Seelenleben der Menschen durchleuchtete, mit dem Handwerkszeug eines »psychologischen Tiefenforschers« (Sigmund Freud). Mit dem Erfolg dieser Novelle wandte sich Schnitzler endgültig der Literatur zu. Nur eine Zeit lang hatte es so ausgesehen, als wolle er dauerhaft in die Fußstapfen seines Vaters treten. 1885 hatte er zum Dr. med. promoviert, veröffentlichte kleinere wissenschaftliche Arbeiten, arbeitete als Arzt in mehreren Kliniken und machte sich mit eigener Praxis selbstständig, zuletzt, nach dem Tod des Vaters 1893, im Alsergrund, Frankgasse 1, in einem Haus, in dem noch heute Arztpraxen ihren Sitz haben.

Schon bald darauf nahm er jedoch endgültig Abschied von der Medizin. Abgezeichnet hatte sich das seit Längerem. Schnitzler und seine Freunde, die Dichterkollegen Hofmannsthal, Altenberg, Polgar und Salten, gehörten zum Kreis der aufstrebenden Wiener Moderne. Man traf sich und diskutierte, im Prater, in Restaurants wie dem Meißl & Schadn (am Neuen Markt) oder in den Kaffeehäusern, deren Besuch für Wien-Reisende seitdem Pflicht ist.

Während man heutzutage gern in den leicht verranzten Bräunerhof in der Stallburggasse pilgert, um bei Debrezinern mit Kren Thomas Bernhard und Ilse Aichinger im Geiste nah zu sein, zog es die aufstrebenden Dichter und Denker des Fin de Siècle ins alte Café Griensteidl, das »Hauptquartier der jungen Literatur« (Stefan Zweig), und ins Café Central. Schnitzler war anders als Altenberg kein leidenschaftlicher Besucher dieser inzwischen legendären Kaffeehäuser, wo, wie er in einem Brief schrieb, alle Literaten, »denen Vormittags nichts eingefallen

»Neue Wohnung, wunderschön, durch Ruhe und Aussicht auf die Sternwarte, hohe Lage, Balkons.«
ARTHUR SCHNITZLER

war, Nachmittags ihre Gedanken austauschten«. In seiner Erzählung *Er wartet auf den vazierenden Gott* hielt er mit spitzer Feder eine Kaffeehausszene fest: »Er ist ein Poet, Albin, und zwar ist er das Genie des Fragments; er hat noch nie etwas bis zu Ende geschrieben. Die Ideen strömen ihm zu, das erzählt er mir oft, und ich war dabei, wie er in einer Kaffeehausecke saß, auf die Marmorplatte des Tisches starrte und plötzlich aufsprang, weil ihn die Ideen nicht in Ruhe ließen.«

Solche Extravaganzen wird man heute, wenn man meint, das Central in der Herrengasse aufsuchen zu müssen, kaum erleben. Zu ungünstiger Tageszeit hat man sich in eine Warteschlange vor dem Eingang einzureihen, und von den rund 500.000 Gästen, die alljährlich im Central einen großen Mokka mit Schlagobers trinken, werden beileibe nicht alle die am Eingang platzierte Pappmachéfigur des schnauzbärtigen Kaffeehausliteraten Peter Altenberg identifizieren. Man ist ja anderweitig beschäftigt, macht Selfies vor Backhendl oder Milchrahmstrudel.

Dass Schnitzler die Kaffeehäuser nicht permanent aufsuchte und deren Kultur, wie auch die des damals für seine Séparées berühmten Hotel Sacher, eher in seinen Texten verarbeitete, hatte verschiedene Gründe. Denn Theatererfolge wie *Liebelei* mehrten seinen Ruhm und ließen ihn seltener als seine weniger arbeitsamen Kollegen im Central zum Billardqueue greifen. Zudem nahm ihn sein Liebes- und Triebleben, seine vielbeschworene Neigung zu den »süßen Mädln« aus der Vorstadt, in Beschlag. Seine diversen Liaisons aufzuzählen würde dieses Kapitel sprengen.

Als er 1903 die Schauspielerin Olga Gussmann heiratete, die ein Jahr zuvor den gemeinsamen Sohn Heinrich zur Welt gebracht hatte, änderte sich sein Leben einschneidend – auch topografisch. Denn die kleine Familie verließ die Innenstadtquartiere und zog hinaus in den achtzehnten Bezirk, ins aufstrebende Währinger Cottage-Viertel. Spöttelgasse (heute: Edmund-Weiß-Gasse) 7 hieß die Anschrift nun: »Neue Wohnung, wunderschön, durch Ruhe und Aussicht auf die Sternwarte, hohe Lage, Balkons.«

Von der U-Bahn-Haltestelle Volksoper kommend, gelangt man über die Gentzgasse ins Cottage, das heute zu den teuersten Wiener Wohngegenden zählt. Im letzten Viertel des 19. Jahrhunderts entstanden hier immer prächtiger werdende Häuser und Villen, die eine betuchter Mieter- und Käuferschicht anzogen. Kein Wunder also, dass sich im Lauf der Jahre beispielsweise Josef Kainz, Emmerich Kálmán, Arik Brauer, Felix Salten, Johannes Heesters und Peter Alexander in diesem ruhigen Umfeld der Türkenschanze niederließen. Vom gelben Gründerzeithaus in der Spöttelgasse aus, wo sich kein Hinweis auf den berühmten Mieter

Oben: Das Akademische Gymnasium
Rechts unten: Wohnhaus in der ehemaligen Spöttelgasse

findet, sah Schnitzler ins Grüne, auf den Sternwartepark. Dessen Areal firmiert heute als Naturdenkmal. Sein Zentrum bildet die Sternwarte der Wiener Universität. Um die Zugänglichkeit des verwunschenen Parks, dessen Durchquerung nur auf ausgewiesenen Wegen erlaubt ist, wurde immer wieder gestritten. In den 1970er-Jahren sollte ein Großteil der Grünfläche für einen Neubau des zoologischen Instituts weichen; eine aufsehenerregende Volksabstimmung verhinderte das.

Nach der Geburt von Tochter Lili im September 1909 fühlte sich die Familie in der Spöttelgasse beengt, und man begab sich auf Wohnungssuche – ein beschwerliches Unterfangen, das »Ehedüsterkeiten« hervorrief. Für Aufhellung sorgte erst eine glückliche Fügung, als man ganz in der Nähe auf ein Haus in der Sternwartestraße 71 stieß, das die Burgschauspielerin Hedwig Bleibtreu veräußern wollte. Man lieh sich einen Batzen Geld und bewältigte den Umzug. Links vom Hauseingang ist zu lesen, dass Schnitzler hier bis zu seinem Tod 1931 lebte. Wie es sich für ein Wohnquartier dieses Zuschnitts gehört, ist alles einbruchssicher hergerichtet. SUVs der größeren Art rangieren vor dem Haus, das in Volker Hages Roman *Des Lebens fünfter Akt* (2018) so beschrieben wird: »Das Haus steht nah an der Straße, die zur Sternwarte hinaufführt. Es ist eines der letzten Häuser auf der linken Seite. Eine nicht sehr hohe Mauer schützt das imposante Anwesen mit drei Geschossen und einem schön gestalteten Dachvorsprung. Der große Garten befindet sich hinter dem Haus.«

In den gut zwanzig Jahren, die Arthur Schnitzler in der Sternwartestraße verbrachte, reihten sich Höhe- und Tiefpunkte aneinander. Hier schrieb er Theaterstücke wie *Professor Bernhardi* oder glanzvolle späte Prosaarbeiten wie *Fräulein Else*. Hier erlebte er das Glück des zweifachen Familienvaters und, 1922, das Scheitern seiner Ehe. Hier ereilte ihn die schreckliche Nachricht vom Selbstmord seiner 18-jährigen Tochter Lili in Venedig. Und hier fand er zuletzt Trost bei seiner

jungen französischen Übersetzerin Suzanne Clauser, die bis zu ihrem Tod 1981 wenig über die Art ihrer Beziehung zu Schnitzler verriet.

Mühelos lässt sich vorstellen, wie der engagierte Spaziergänger Schnitzler – mit oder ohne Familie – sein Haus verließ und sich in den wenige Schritte entfernten Türkenschanzpark aufmachte. »Sommerlich prangend« nennt er ihn in seinem Tagebuch. Diese – 1888 durch Kaiser Franz Joseph eröffnete – Anlage zählt mit ihren 15 Hektar zu den schönsten Wiener Parks und ist ein Naherholungsrefugium für Jung und Alt. Auf der Anhöhe der Türkenschanze gelegen, umfasst sie Grünflächen, die zum sommerlichen Picknick einladen, Teiche, Brunnen, den roten Ziegelbau der Paulinenwarte, von deren Aussichtsplattform in vierzehn Metern Höhe sich ein schöner Rundblick über Wien auftut, und rund 400 Gehölzarten, darunter Stieleichen, Maulbeerbäume, Schwarzbirken und Trompetenbäume. Und nicht zuletzt verteilen sich über den Park ein Dutzend Kulturdenkmäler, die zum

Oben: Glaskuppel im Palais Ferstel

einen an die berühmten Bewohner des Cottages oder zum anderen an – wie es 1929 bei der Enthüllung ihrer Statue hieß – die »verehrte Seniorin der Frauenbewegung« Auguste Fickert erinnern.

Auch die Literatur hat im Türkenschanzpark ihre Denkmäler bekommen. Der Linzer Schulrat und *Nachsommer*-Autor Adalbert Stifter ist pompös und überlebensgroß mit offenem Mantel und Hut zu bewundern, und natürlich darf Anwohner Arthur Schnitzler nicht fehlen. Eine 1982 enthüllte Bronzebüste auf Marmorsockel, gefertigt vom Wiener Bildhauer Paul Peschke, zeigt den markanten Kopf des Dichters mit – was in der Realität nicht immer der Fall war – adrett gestutztem Bart. Wenn man im Türkenschanzpark um sich blickt und angesichts der in vergangenen Sphären entführende Denkmäler sich einbilden möchte, dass das Leben früher ein schöneres und kultivierteres gewesen sei, mag es hilfreich sein, sich eine kluge Sentenz Schnitzlers in Erinnerung zu rufen: »Die Nachwelt ist nicht besser als die Mitwelt, sie ist nur später.«

Viel noch ließe sich in Arthur Schnitzlers Wien erkunden, im Prater zum Beispiel, wo er sich von den Pferderennen und von amourösen Abenteuern einnehmen ließ, oder vor den Toren der Stadt, wohin es den hochmotivierten »Bicyclisten« Schnitzler immer wieder trieb, auch wenn es galt, über Liebesschmerzen hinwegzukommen. Ach ja, und natürlich muss ein Wien-Kapitel mit dem Ende aller Vergnügen und aller Leiden schließen, mit dem Tod. Am Schwarzenbergplatz besteigt man die Straßenbahn, Linie 71, fährt bis zum Zentralfriedhof, 1. Tor, und betritt den Alten Jüdischen Friedhof. Gleich am Eingang, Gruppe 6, Reihe 0, finden sich nebeneinander die Grabstätten dreier Wiener Literaten: des Kabarettisten Gerhard Bronner, des Schriftstellers Friedrich Torberg, der sich mit seinen *Tante Jolesch*-Geschichten und dem Roman *Der Schüler Gerber* in den österreichischen Kanon eingeschrieben hat, und Arthur Schnitzlers. Ein gepflegtes Grab mit frischen Blumen, ein Männergrab, in dem Arthur vereint ist mit Bruder Julius und Sohn Heinrich, gelegen in einem Friedhofsteil, der an einigen Ecken vernachlässigt, ja verwahrlost wirkt. Viel Geld müsste man in die Hand nehmen, um das zu ändern. Doch warum eigentlich? Arthur Schnitzler hätte darüber hinweggesehen: »Jede gefühlsmäßige Beziehung zu Gott ist sinnlos, Auflehnung nicht minder als Ergebung, denn der Altar, vor dem wir im Staube liegen, wie der, den wir zertrümmern wollen – wir sind es immer selbst, die ihn aufgerichtet haben.«

»Im Grund Ihres Wesens sind Sie ein psychologischer Tiefenforscher.«
SIGMUND FREUD AN SCHNITZLER

EMPFEHLUNG:

Von Schnitzlers Haus in der Sternwartestraße ist man zu Fuß in einer Viertelstunde in der Währinger Straße 122. Dort befindet sich seit 2004 eine der inzwischen bekanntesten Wiener Buchhandlungen: Hartliebs Bücher. Die Inhaberin Petra Hartlieb hat nicht nur in ihrem Buch *Meine wundervolle Buchhandlung* ihr aufregendes Berufsleben beschrieben, sondern sich in einer unterhaltsamen Romantrilogie *(Ein Winter in Wien, Wenn es Frühling wird in Wien, Sommer in Wien)* auch Arthur Schnitzlers angenommen. Der Dichter, das Haus in der Sternwartestraße, Dienst- und Kindermädchen sowie ein Buchhändler spielen darin die Hauptrollen ...

ZUM WEITERLESEN:

Giuseppe Farese: *Arthur Schnitzler. Ein Leben in Wien 1862–1931.* – Konstanze Fliedl: *Arthur Schnitzler.* – Anne-Catherine Simon: *Schnitzlers Wien.* – Manfred Welan/Peter Wiltsche: *Das grüne Juwel. Der Türkenschanzpark und seine Denkmäler.*

פ״נ
ARTHUR SCHNITZLER
15. MAI 1862 21. OKTOBER 1931
DR. JULIUS SCHNITZLER
13. JULI 1865 29. JUNI 1939
HEINRICH SCHNITZLER
9. AUGUST 1902 14. JULI 1982
שלום

BACHMANNWEG
GASTHOF-PENSION
WALDWIRT

ZUM SEE
GING MAN ZU FUSS

INGEBORG BACHMANN
UND KLAGENFURT

LORELEI

Es ist drückend heiß in Klagenfurt. 33 Grad zeigt das Thermometer an diesem Juli-Mittag. Was mich nicht davon abhält, eine kleine Wanderung zu unternehmen, auf den Spuren Ingeborg Bachmanns. Ich will ihre Prosa ernst nehmen und sie zumindest in ihren topografischen Eckpunkten als autobiografisch verlässlich betrachten. Zwei Texte vor allem sind es, in denen sich Ingeborg Bachmann mit ihrer Geburtsstadt Klagenfurt auseinandersetzte: *Jugend in einer österreichischen Stadt* (erschienen 1961 im Erzählband *Das dreißigste Jahr*) und *Drei Wege zum See* (erschienen 1972 im Band *Simultan*, ein Jahr vor ihrem Brandunfalltod in Rom). Wiewohl sie selbst betonte, dass ihre Kindheitsschilderungen exemplarisch zu lesen seien und nicht als unmittelbare Wiedergabe eigener Erlebnisse, lassen sich die konkreten Bezüge nicht leugnen, ist es bis heute möglich, mit diesen beiden Erzählungen durch Klagenfurt zu gehen.

Drei Wege zum See lässt eine Frau um die fünfzig, die Fotografin Elisabeth Matrei, zu ihrem alten Vater nach Klagenfurt zurückkehren. Sie reflektiert ihr Leben und ihre Liebesbeziehungen, und sie will die Pfade ihrer Kindheit noch einmal gehen. Einer soll sie zum Wörthersee führen, wie damals: »Als Kinder waren sie immer diese Wege mit den Eltern gegangen, weil es Herrn und Frau Matrei nie in den Sinn gekommen wäre, auch nur die Straßenbahn zu nehmen, höchstens zum Heimfahren, oder wenn es regnete, aber zum See ging man zu Fuß.« Immer wieder unternimmt Elisabeth während ihres Heimaturlaubs Versuche, über den Klagenfurter Hausberg, das Kreuzbergl, zum See zu gelangen, und immer wieder verfehlt sie auf groteske Weise ihr Ziel: »Diesmal ging sie den Höhenweg über die Zillhöhe hinaus, obwohl es wieder regnete von Zeit zu Zeit, und sie lief hinunter, wo der Weg zum See führte, aber als sie aus dem Wald kam, verlief der Weg ohne Spuren in einer Wiese, und da jede Markierung fehlte, ging sie nach links und rechts und schließlich weit vor, um zu schauen, wo es weiterging. Im letzten Moment hielt sie inne, denn wenn sie so in Gedanken, noch einen Schritt weiter gegangen wäre, wäre sie abgestürzt.«

Dass es Elisabeth Matrei so an Orientierung fehlt, muss nicht unbedingt an ihrer psychischen Verfassung liegen. Denn bis heute ist es kein Leichtes, sich im Naherholungsgebiet Kreuzbergl zurechtzufinden. Schwitzend passiere ich auf halber Höhe die Kreuzberglkirche und freue mich über ein Hinweisschild, das die Richtung eines »Bachmannwegs« vorgibt. Lange hält meine Hochstimmung nicht an, denn schon bald weisen alle möglichen Höhenwege in undurchschaubaren Nummerierungen in alle möglichen Richtungen, aber von einem Bachmannweg

»Man müsste überhaupt ein Fremder sein, um einen Ort wie Klagenfurt länger als eine Stunde erträglich zu finden …«
INGEBORG BACHMANN

ist partout nicht mehr die Rede. Ich fühle mich wie Elisabeth Matrei, obschon ich nicht in Absturzgefahr gerate, und greife, mir den Schweiß von der Stirn wischend, in meiner Not zum Smartphone, auf dass Google Maps mir den Weg zum Wörthersee weise. An der Straße entlang – von einem Bachmannweg ist längst keine Spur mehr – gelange ich so schließlich nach einer guten Stunde zum See und halte es wie die Matreis, die stets das »große städtische Strandbad« mieden und weiter wanderten »zu dem kleinen Bad Maria Loretto«, denn »See und Loretto gehörten für Elisabeth unzertrennbar zusammen«.

An dessen Charme hat sich wenig geändert. In manchen Monaten ist man dort mit routinierten Alljahresschwimmern ganz allein. Und einmal im Jahr verwandelt sich das alte Loretto-Bad in einen literarischen Treffpunkt. Denn seit 1977 werden in Klagenfurt alljährlich Ende Juni/Anfang Juli die »Tage der deutschsprachigen Literatur« abgehalten, wird nach einem für die eingeladenen Autorinnen und Autoren nicht sehr angenehmen Procedere der Ingeborg-Bachmann-Preis verliehen. Und da Lesungen en suite für alle Beteiligten dieses Branchenklassentreffens kein reines Vergnügen darstellen, treffen sich die Schriftsteller, Lektoren, Verleger und Kritiker am späten Nachmittag im Maria-Loretto-Bad, sonnen sich auf den Stegen, schwimmen hinaus, kehren danach ins gleichnamige, wenige Fußmeter entfernte Restaurant ein, blicken versunken auf den See und trinken reichlich Weißwein, der den beseelten Literaturreisenden gern zu gesalzenen Preisen angeboten wird. Obwohl Ingeborg Bachmann Erfahrungen mit Lesungen unter erschwerten Bedingungen hatte und 1953 vier ihrer Gedichte vortragend den Preis der Gruppe 47 einheimste, wäre sie für das in ihrem Namen stattfindende Wettlesen kaum geeignet gewesen.

Elisabeth Matreis Versuche, den Wörthersee zu Fuß zu erreichen, nehmen ihren Anfang in einer Gegend, wo die Autorin als junges Mädchen, von 1933 bis 1945, wohnte. »Eines Tages ziehen die Kinder um in die Henselstraße«, heißt es in *Jugend in einer österreichischen Stadt* – in die ruhige Vorstadt unterhalb des Kreuzbergls, in ein Häuschen mit Garten, »in dem vorne Rosen gepflanzt werden und hinten kleine Apfelbäume und Ribiselsträucher«, umgeben von »Nachbarskindern, die alles besser können und besser wissen«. Vom viel fotografierten Lindwurmbrunnen auf dem Neuen Platz in der Innenstadt gelangt man in einer guten Viertelstunde zum Haus Nummer 26 in der Henselstraße, vorbei am Café Ingeborg Bachmann in der Radetzkystraße und am Maria-Theresia-Platz.

Rechts oben: Kaffeehaus Ingeborg mit ihrem Porträt, angefertigt von Bruder Heinz

Es ist ein unauffälliges Haus mit hellroter Fassade in unauffälliger Umgebung, ein dreieckiges Dachfenster, ein grünweißer Zaun, eine Tafel »zur steten Erinnerung«, die von den Ästen eines Baumes nahezu verdeckt wird. Bis heute ist das Haus in Familienbesitz, und als Frauke Meyer-Gosau es für ihr Bachmann-Reisebuch *Einmal muss das Fest ja kommen* vor einigen Jahren aufsuchte, zeigte ihr Ingeborg Bachmanns jüngere Schwester Isolde die aus vielen Wohnsitzen stammenden Möbelstücke der Dichterin, wodurch – so Meyer-Gosau – die »endgültig Heimgekehrte« dort nun als »Anwesend-Abwesende« residiere. Einmal, 1959, so die Schwester, sei Max Frisch, einer von den Männern, mit denen Ingeborg Bachmann eine hochkomplizierte, aufreibende Liebe verband, im Elternhaus Henselstraße 26 zu Gast gewesen.

Der Umzug in dieses Reihenhausambiente, das für die junge Ingeborg Bachmann eher beklemmend als idyllisch war, stellte für die Familie einen Aufstieg dar. Zuvor hatte man an einer Ausfallstraße gewohnt, die man mit dem Bus Richtung Flughafen erreicht. Man steigt an der St.-Veiter-Straße aus und steht nach wenigen Minuten vor einem gelben Haus mit anachronistisch wirkenden

Holzbalkonen: Durchlaßstraße 35. Die Umgebung ist reizlos, ein Lebensmitteldiscounter, ein Sportgeschäft und eine Einkehrmöglichkeit namens »Schnitzel-Welt«. Hier also hat Ingeborg Bachmann ihre ersten sieben Lebensjahre verbracht: »In dem Miethaus in der Durchlaßstraße müssen die Kinder die Schuhe ausziehen und in Strümpfen spielen, weil sie über dem Hausherrn wohnen. Sie dürfen nur flüstern und werden sich das Flüstern nicht mehr abgewöhnen in diesem Leben.« Nichts erinnert hier an die berühmte Bewohnerin. Im Haus befindet sich heute eine Praxis für Psychotherapie.

An der lauten Straße entlanggehend, kommt man zu ihrem Namensgeber, zu einem schmalen Durchlass unter der Bahnlinie, wo zwischen Häuserzeilen, die von architektonischem Desinteresse zeugen, die unauffällige Robert-Musil-Straße abzweigt – Reminiszenz an den Literaturheros der Stadt, an Robert Musil, den Autor des *Mannes ohne Eigenschaften*. Sein Geburtshaus, gegenüber dem Klagenfurter Bahnhof gelegen, firmiert seit Mitte der 1990er-Jahre als Robert-Musil-Literatur-Museum, das auch als Archiv und Forschungsstätte dient. In den schlichten Ausstellungsnischen erinnert es zudem an die Lyrikerin Christine Lavant und an Ingeborg Bachmanns Jugendzeit. Allzu viel sollte man von den gezeigten Objekten nicht erwarten: Kopien ihres frühen Gedichts *An Kärnten*, das hymnisch ein »heiliges, herrliches Heimatland« feiert, und einige Schulzeugnisse, die verraten, dass die gute Schülerin Ingeborg Bachmann lediglich im Fach Zeichnen nicht restlos zu überzeugen wusste. Ihre intellektuelle,

Oben: Wohnhaus der Eltern in der Henselstraße

unnahbare Ausstrahlung brachte der zarten Schülerin den Spitznamen »le hibou«, die Eule, ein.

Einer ihrer Schulorte, die »Oberschule für Mädchen« in der Ursulinengasse 5, macht bis heute einen abweisenden Eindruck; das obligatorische Erinnerungsschild an der alten Einlasstür täuscht darüber nicht hinweg. 1944 legte Ingeborg Bachmann dort das Abitur ab. Die Schule selbst hieß nach dem Krieg »Bundesrealgymnasium für Mädchen«. 1965 übersiedelte sie in die Ferdinand-Jergitsch-Straße. Der funktional-schmucklose Neubau wurde zwei Jahre später eingeweiht. Seit Anfang 1995 nennt sich die Schule offiziell Ingeborg-Bachmann-Gymnasium, und selbstverständlich wurde die Freifläche davor zum Ingeborg-Bachmann-Platz. Attraktionen bietet er keine. Ein »wertschätzendes Miteinander« sei »der Grundsatz jeder positiv verlaufenden Kommunikation in allen Lebenslagen«, heißt es im Leitbild der Schule. Auf dem Rückweg in die Stadt denke ich darüber nach, ob auch die Literatur zu diesen »Lebenslagen« zählen mag, und wundere mich gleichzeitig darüber, wie abgeschottet viele der Klagenfurter Einfamilienhäuser wirken. Als gelte es, alle potenziellen Eindringlinge von vornherein abzuschrecken, hat man an allen Straßenecken hohe Hecken gepflanzt oder hässliche, blickdichte Metallschutzwände installiert. Was dahinter passiert, geht niemanden etwas an.

Nach dem als beglückende Befreiung empfundenen Kriegsende verließ Ingeborg Bachmann die Stadt rasch. Sie nahm ein Studium auf, zuerst in Innsbruck und Graz, dann in Wien, wo sie 1951 mit einer Arbeit über Martin Heidegger promovierte, für den Rundfunk zu arbeiten begann und ihr Stern als Dichterin alsbald aufging. Das Verhältnis zu ihrer Geburtsstadt war nie einfach. Da gibt es zum einen harsche Urteile, nachzulesen beispielsweise 1970 in einen Brief an Uwe Johnson: »Man müsste überhaupt ein Fremder sein, um einen Ort wie Kl[agenfurt] länger als eine Stunde erträglich zu finden, oder immer hier leben, vor allem dürfte man nicht hier aufgewachsen sein und ich sein und dann auch noch wiederkommen.« Zum anderen kehrte sie bis an ihr jähes Lebensende immer wieder hierher zurück, um, so ihre Schwester »Abstand« und »Geborgenheit« zu suchen.

Als einschneidendes Kindheitserlebnis empfand sie, wie sie in einem Interview anmerkte, den Griff der Nationalsozialisten nach Kärnten: »Es hat einen Moment gegeben, der hat meine Kindheit zertrümmert. Der Einmarsch von Hitlers Truppen in Klagenfurt.« Persönlich miterlebt hat die knapp Zwölfjährige

»See und Loretto gehörten für Elisabeth unzertrennbar zusammen.«

Aus: Ingeborg Bachmann: *Drei Wege zum See.*

diesen nicht, doch binnen weniger Tage und Wochen veränderte sich die Atmosphäre in der Stadt völlig. Adolf Hitler trat auf den Balkon des Hotels Sandwirth und ließ sich feiern. Der Neue Platz wurde nach ihm benannt, und antisemitische Stimmungen breiteten sich schnell aus. Es glückte der Schülerin, sich dem Jungmädel-Dienst der Nationalsozialisten zu entziehen. Als Klagenfurt bombardiert wurde und brennende »Christbäume« vom Himmel fielen, verschanzten sich die beiden Schwestern zusammen mit ihrem 1939 geborenen Bruder Heinz in den Bunkern. Die Eindrücke des wütenden Kriegs vergaß Ingeborg Bachmann nie, wurden zu einem Trauma ihres Lebens; dass ihr Vater, ein Lehrer, früh in die NSDAP eintrat, überging sie später.

Wenn man weiß, wie zwiespältig Ingeborg Bachmann ihre Klagenfurter Mädchenjahre empfand, stellt sich beim Gang durch die Stadt ein leises Unwohlsein ein. Zu selbstverständlich stilisiert man die Autorin inzwischen als Vorzeigeikone. Hier eine Schule, da ein Café, dort ein Platz ... Gedenktafeln, Marzipantorten mit Bachmann-Konterfei, Liegestühle, in denen man es sich beim Open-Air-Konzert vor der Musikschule bequem macht und die mit dem Bachmann-Zitat »Alles ist eine Frage der Sprache« bedruckt sind ... nicht weit davon entfernt, im Norbert-Artner-Park, eine Bronzebüste – Ingeborg Bachmann, deren Leben und Werk bis heute heftig diskutiert werden und Reibungspunkte für Betrachtungen aller Art bieten, ist zur heiligen Klagenfurter Dichterin geworden. Ein Missverständnis.

Ein letzter Gang steht aus, der Gang zum Klagenfurter Friedhof Annabichl. Dieser liegt in der Nähe des Flughafens, eine Standortentscheidung, für die, wie es in *Jugend in einer österreichischen Stadt* heißt, der Volksmund eine sarkastische Begründung fand: »Jemand ist auf die Idee gekommen, den Flugplatz neben den Friedhof zu legen, die Leute in K. meinten, es sei günstig für die Beerdigung der Piloten, die eine Zeitlang Übungsflüge machten.«

So hat der Zentralfriedhof Annabichl, den man gut mit dem Bus erreicht, die Adresse »Flughafenstraße«. Es ist immer noch sengend heiß, als ich vom Eingang an den Aufbahrungshallen den breiten Weg zu Bachmanns Grab gehe. Er führt vorbei an der Ruhestätte des 1959 verstorbenen Johann Friedrich Perkonig, des »Dichters Kärntens« und Klagenfurter Ehrenbürgers. Dass er dem nationalsozialistischen Gedankengut nahestand und den Anschluss an Hitler-Deutschland als »Glück« empfand, stört heute offenbar niemanden und störte auch unmittelbar nach 1945 kaum jemanden. Dass die junge Ingeborg Bachmann voller Bewunderung für Perkonig war und sich mit ihm austauschte, steht auf einem anderen Blatt.

Ingeborg Bachmanns Grab befindet sich in der XXV. Abteilung, ein heller Quader aus Rauchkristallmarmor, auf dem nicht mehr als Lebensdaten stehen, ihre eigenen und die ihrer Eltern Olga und Matthias. Der Vater, der die Erfolge seiner Tochter begeistert verfolgte, starb ein halbes Jahr vor ihr, im März 1973, die Mutter ein Vierteljahrhundert später. Ein Ehrengrab ist es nicht, das, heißt es, habe die Familie nicht gewünscht, doch es befindet sich, so die vertrauenerweckende

*Die heilige Klagenfurter Dichterin –
ein Missverständnis.*

Formulierung, »in städtischer Erhaltung«. Ein Bett von weißen Steinchen vor dem Grabmal, eine Schale mit rotweißem Blumengesteck, mehr nicht. Ich bin allein auf dem Friedhof, mache einen Umweg zurück zur Bushaltestelle, über eine luftige Birkenallee, die Tröstliches hat.

EMPFEHLUNG:
Wer sich eine Bachmann-Ruhepause gönnen und nicht gleich zu Robert Musils *Der Mann ohne Eigenschaften* greifen möchte, der kann, unweit vom Alten Markt, der St.-Egid-Pfarrkirche einen Besuch abstatten. Denn dort befindet sich das Grab des französischen Romanciers Julien Green (1900–1998), der es ablehnte, in seinem Geburts- und Sterbeort Paris beerdigt zu werden. Stattdessen wollte der homosexuelle Green in der katholischen Pfarrkiche begraben werden, zusammen mit seinem 2015 verstorbenen Adoptivsohn Jean-Eric. »Ego sum resurrectio et vita« steht über der Platte.

ZUM WEITERLESEN:
Christa Gürtler: *Ingeborg Bachmann. Klagenfurt – Wien – Rom.* – Uwe Johnson: *Eine Reise nach Klagenfurt.* – Frauke Meyer-Gosau: *Einmal muss das Fest ja kommen. Eine Reise zu Ingeborg Bachmann.* – Regina Schaunig: *»... wie auf wunden Füßen«. Ingeborg Bachmanns frühe Jahre.* – Andrea Stoll: *Ingeborg Bachmann. Der dunkle Glanz der Freiheit. Biografie.*

(Noch ein Gedicht von Jos. Knecht)
Nach dem Lesen in einem Scholastiker
Einst war, so scheint es uns, das Leben wahrer,
Die Welt geordneter, die Geister klarer,
Weisheit und Wissenschaft noch nicht gespalten
Sie lebten voller, heitrer, jene Alten,
Von denen wir bei Plato, den Chinesen
Und überall so Wunderbares lesen –
Ach, und so oft wir in des Aquinaten
Smith Premier № 4.

AN DEN PLATANENBÄUMEN SPIELT NOCH LICHT

HERMANN HESSE UND MONTAGNOLA

Wer Hermann Hesse nachreisen möchte, hat es leicht und darf zwischen verschiedenen lukrativen Möglichkeiten wählen. Da ist das Städtchen Calw im Nordschwarzwald, wo sein Geburtshaus steht, oder Kloster Maulbronn, das kräftige Spuren in der frühen Erzählung *Unterm Rad* hinterlassen hat; da ist Tübingen, wo Hesse eine Buchhändlerlehre antrat, oder Gaienhofen am Bodensee, wo er mit seiner ersten Frau Maria und seinen drei Kindern bis 1912 lebte. Überall dort gibt es viel zu sehen, und überall zeigt sich Hermann Hesses Begabung, »an schönen Orten zu wohnen«.

Am schönsten und eindrucksvollsten ist es jedoch vielleicht, sich ins Tessin aufzumachen, nach Montagnola, wo er bis zu seinem Tod lebte, dreiundvierzig Jahre lang. Welche Attraktion das Dorf darstellt, das seit 2004 Teil der Gemeinde Collina d'Oro ist, zeigt sich, wenn man mit dem Zug in Lugano ankommt und bereits an der Bushaltestelle ein Schild auf das Hermann Hesse gewidmete Museum im rund acht Kilometer entfernten Montagnola hinweist. In gemütlichem Tempo windet sich der Postbus Nummer 436 langsam den »Goldhügel« hinauf, und an der achten Station hat man nach gut zehn Minuten sein Ziel erreicht: das Hotel Bellevue-Bellavista.

Das kastige Gebäude an der Hauptstraße wirkt auf den ersten Blick fast abweisend, und man mag sich als Gast fragen, ob der Straßenverkehr den nächtlichen Schlaf nicht zu sehr beeinträchtigen wird. Doch keine Sorge, je später der Abend, desto weniger Autos passieren das Hotel, und Literaturreisende würden sogar eine höhere Dezibelzahl in Kauf nehmen, im Wissen, dass Hermann Hesse seine oft illustren Dichter- und Malerfreunde im Bellevue unterzubringen und mit ihnen im Terrassenrestaurant mit Blick auf den Luganer See zu dinieren pflegte. Ein Erlebnis, das man heute, bei Tagliatelle mit Steinpilzen etwa, nachempfinden kann.

Zu Hesses Besuchern zählte 1933 Thomas Mann, der ihn nach einer Vortragsreise besuchte und sich, hotelverwöhnt wie er war, mit dem Bellevue nicht recht anfreunden konnte. Zwar erschien ihm dieses »sympathisch«, doch alsbald führten seine »Abgelegenheit, Primitivität, Kümmerlichkeit« zu Gefühlen der Beklemmung. Die noble Villa Castognola in Lugano entsprach da eher den Bedürfnissen des Nobelpreisträgers.

Hermann Hesse selbst legte weniger Wert auf repräsentatives Wohnen. Vor allem seine ersten Jahre in Montagnola standen unter ganz anderen Vorzeichen, ging es ihm doch darum, in einer schwierigen Lebensphase wieder Fuß zu

Oben: Szenerie im Tessin
Unten: Die Kirche Sant'Abbondio mit Zypressenallee

fassen. Die Ereignisse des Ersten Weltkrieges hatten den Pazifisten Hesse tief aufgewühlt. Zudem erlebte er, wie seine Ehe zerbrach. Seine Frau kam in eine Nervenheilanstalt, er selbst unterzog sich einer psychoanalytischen Behandlung und entschloss sich, sein altes Leben als Ehemann und Familienvater aufzugeben und als 42-Jähriger radikal mit der Vergangenheit zu brechen.

Seine neue Wahlheimat, das Tessin, hatte er bereits 1907 genauer erkundet, und im Mai 1919 ließ er sich in Montagnola nieder. Unterkunft fand er in einem eigentümlichen Schlösschen, der Casa Camuzzi. Die Besitzerin des »halb feierlichen, halb drolligen Palazzos«, der Mitte des 19. Jahrhunderts erbaut worden war, nahm den fast mittellosen Dichter zu günstigen Konditionen auf. Hesse bewohnte vier kleine Zimmer im ersten Stock, erfreute sich am Garten, seinem Balkon und an den wunderlichen Giebeln und Türmchen der Casa. Als »abgebrannter Literat« ernährte er sich von »Milch und Reis und Makkaroni«, trug seine alten Anzüge »bis zum Ausfransen« auf und brachte »im Herbst sein Abendessen in Form von Kastanien aus dem Walde« heim. Vor allem aber blühte seine Kreativität gleich im ersten Sommer auf, und er ging sein Werk mit neuer Energie an. Er vollendete die Erzählungen *Klein und Wagner* und *Klingsors letzter Sommer;* letztere lässt viel Tessiner Lokalkolorit aufblitzen. Dass Hesses arbeitsintensive Glückseligkeit

Oben: Casa Camuzzi

nicht von Dauer war und sich schon im Sommer 1920 alte und neue Leiden einstellten, steht auf einem anderen Blatt – und fügt sich in eine Biografie, die von Aufschwüngen, Zweifeln und Abstürzen begleitet war.

Hesse blieb nicht der einzige prominente Bewohner der einem barocken Jagdschloss nachgebildeten Casa: Die Malerfreunde Gunter Böhmer und Hans Purrmann, ein Matisse-Schüler, dem Hesse das Gedicht *Alter Maler in der Werkstatt* widmete, sowie die schreibenden Kollegen Peter Weiss und Hermann Burger, der dort 1975 seinen Roman *Schilten* vollendete, wurden ebenfalls zu ihren Mietern. Besichtigen darf man die Casa Camuzzi, die schon zu Hesses Lebzeiten für das Dorf »ganz verborgen« lag, leider nicht, und viel scheint den heutigen Besitzern auch nicht daran gelegen, den Neugierigen aussagekräftige Ansichten des verschrobenen Ensembles zu gewähren. Von vielen Seiten lässt sich immerhin ein Blick erhaschen, und hat man endlich den Punkt erreicht, von dem aus sich die Casa am weitesten öffnet, steht man vor einer ihr zugewandten roten Bank. Eine Freude, die nur kurz währt, denn bedauerlicherweise ist die Hecke davor inzwischen so weit in die Höhe geschossen, dass sie jedem, der auf der Bank Platz nimmt, alle Sicht nimmt ... fast ein Schildbürgerstreich.

Die Casa Camuzzi ist eine der elf Stationen auf einem Hermann-Hesse-Wanderweg, der in gut zwei Stunden durch Montagnola führt. Dessen Zentrum ist das seit 1997 bestehende Hermann-Hesse-Museum. Versuche, es in der Casa Camuzzi einzurichten, scheiterten, doch zum Glück gelang es, die nahegelegene Torre Camuzzi zu erwerben und zum lebendigen Erinnerungsort zu machen. Schon vor dem Gebäude laden Stühle und ein Tisch zum Verweilen ein, auf dem sich die ersten Bücher zum Schmökern ausbreiten. Wer Bedarf an Primär- und Sekundärliteratur hat – erst vor ein paar Jahren erschienen neue Biografien von Gunnar Decker und Heimo Schwilk –, ist im Museumsshop, dessen kleine Fläche mit einer Handvoll Besucher gut gefüllt ist, bestens bedient.

An Reisenden, denen *Siddartha*, *Narziss und Goldmund* oder *Das Glasperlenspiel* vertraut sind, mangelt es in keiner Saison. Für Leserinnen und Leser bedeutet die Beschäftigung mit Hesse nicht selten eine Rückkehr in die Lektürezeit der Jugend, als man mit roten Wangen und *Demian* auf dem Nachttisch gegen gesellschaftliche Konformität rebellierte. Auch davon erzählt das verwinkelte, sich über mehrere Stockwerke erstreckende Museum – und vom Zustrom, den Hesses Werk während der 1960er-Jahre in den USA erfuhr oder in Japan, wo man seine

»Ich war jetzt ein kleiner abgebrannter Literat, ein abgerissener und etwas verdächtiger Fremder.«

Aus: Hermann Hesse: *Beim Einzug in ein neues Haus.*

mit asiatischer Philosophie getränkte Prosa bis heute eifrig rezipiert und ihn zum Helden von Mangas gemacht hat.

Es lohnt sich, die Museumsvitrinen aufmerksam zu studieren, denn sie enthalten neben Erwartbarem – Schreibgeräten, Glückwünschen von Bundeskanzler Adenauer oder den berühmten Strohhüten und Brillen, die Hesse trug – Überraschendes. Zum Beispiel eine von Hesse verfasste Anleitung zur Benutzung der Ölheizung oder eine Korrespondenz mit dem jungen Bewunderer Peter Weiss, der sich 1937 nach Montagnola aufmachte, nachdem er von Hesse ermutigt worden war: »Begabung haben Sie ohne Zweifel, sowohl als Dichter wie als Zeichner«. Weiss autobiografisches Buch *Abschied von den Eltern* (1961) begeisterte Hesse wiederum, der es zum Anlass nahm, die lange Jahre unterbrochene Korrespondenz wieder aufzugreifen.

Und natürlich ist im Museo Hesses Doppelbegabung zu bestaunen. Denn der Schreiber, Leser, Spaziergänger und Gärtner hielt Montagnola und seine Umgebung wieder und wieder malend und zeichnend fest. Allein 3.000 Aquarelle sind so in der Tessiner Zeit entstanden, farbenfrohe Ansichten, die weit mehr sind als die Resultate einer charmanten Nebenbeschäftigung. Der Hesse-Rundweg führt zu Orten, früher verschwiegener gelegen als heute, an denen er sich mit seinen Malutensilien niederließ – an Waldwiesen vor ehemaligen Felsenkellern, an einem Aussichtsplatz in der Via Hermann Hesse, wo seit 1977 ein Gedenkstein an den Ehrenbürger Montagnolas erinnert, oder in der Via ai Canvetti vor den Grotti, den einfachen Weinkellern, wo ausgeschenkt wird und wo Hesse mit Freunden einkehrte: »Ein kleines, phantastisches Märchendorf im Wald, lauter Stirnseiten kleiner steinerner Giebelhäuser, die keine Rückseite haben, denn Dach und Haus verliert sich im Boden, und tief in den Berg hinein sind Felsenkeller gebohrt. Da liegt der Wein in grauen Fässern. Wein vom vorigen Herbst und auch noch vom vorvorigen, älteren gibt es nicht. Es ist ein sanfter, sehr leichter, traubiger Wein, von roter Farbe, er schmeckt kühl und sauer nach Fruchtsaft und dicken Traubenschalen.« Heute noch kann man dieses Geschmackserlebnis überprüfen, in den Grotti mit ihren schlichten Holztischen und steinernen Bänken.

Was Hesse auf seinen Spaziergängen, die ihn auf Schleichwegen auch hinunter zu Badestätten am Luganer See führten, sah, malte und beschrieb er – in Prosastücken und in Gedichten, die die Quelle ihrer Inspiration nicht verleugnen. Wie in *Sommerabend vor einem Tessiner Weinkeller*, das mit den Versen »An den

Platanenstämmen spielt noch Licht. / Durchs hohe Astgewölbe blickt noch Blau / Und spiegelt sich im Wein. Im Walde spricht / Mit Kindern eine unsichtbare Frau« einsetzt.

Von den Grotti ist es nicht weit bis zum Grab Hermann Hesses auf dem Friedhof Sant'Abbondio, gleich gegenüber der gleichnamigen Kirche, zu der eine mächtige Zypressenallee führt. Beizeiten hatte sich Hesse auf dem Friedhof einen »hübschen kleinen Platz« gesichert, denn es stand außer Frage, dass er, der seit 1924 Schweizer Staatsbürger war, seine letzte Ruhe in Montagnola finden wollte. Das Grab von Hermann Hesse und seiner vier Jahre nach ihm verstorbenen dritten Frau Ninon fällt auf – durch seine bewusste Schlichtheit. Denn Sant'Abbondio, nicht zu Montagnola, sondern zum angrenzenden Gentilino gehörend, ist ein Friedhof, auf dem ehrwürdige, wohlhabende Familien liegen, Familien, die ihren gesellschaftlichen und finanziellen Status auch nach dem Tod gern zur Schau stellen, mit Säulen, Madonnen und in Stein gehauenen Bibelmotiven. So reiht sich ein elegant-pompöses Grab ans andere, und Kunstinteressierte werden den einen oder anderen Fund machen. Nicht weit vom Haupteingang entfernt tut sich das Familiengrab des Architekten Pietro Boffa auf, dominiert von der 1867 entstandenen Skulptur *Preghiera (Das Gebet)* des Tessiner Bildhauers Vincenzo Vela.

Hesses Grab macht da im Vergleich nicht viel her. Ein Granitblock, ein paar immergrüne Pflanzen und immer wieder Hinterlassenschaften seiner Verehrer: Teelichter, ein japanisches Lesezeichen, ein Kiesel mit den aufgemalten Buchstaben ZEN. Begraben sind in Sant'Abbondio auch der Dirigent Bruno Walter, der Hesse-Freund Gunter Böhmer und sein erster Biograf Hugo Ball mit seiner Frau Emmy Ball-Hennings – schlichte Ruhestätten allesamt.

Geht man von Gentilino zurück nach Montagnola, spürt man, selbst wenn man die Hauptstraße meidet, wie viel der »Goldhügel« von seiner Beschaulichkeit in den letzten

einhundert Jahren verloren hat. Allenthalben wird Erde ausgehoben, verrichten Bagger ihr Werk; Bungalows und Mehrparteienhäuser mit Seeblick entstehen, die jeden freien Meter ausnutzen. Wer es sich leisten kann, baut sein Haus hier oben und parkt seinen SUV davor. Der Wandel ist freilich kein neues Phänomen. Hermann Hesse selbst wurde Zeuge dieser unseligen Entwicklung und sprach schon 1927 von der »Touristenflut« und vom Siegeszug, mit dem »das Geld, die Industrie, die Technik« sich die »zauberhafte Landschaft« aneignen würden. Sein Fazit ist sarkastisch: »Der Letzte von uns wird sich am letzten alten Kastanienbaum des Tessins, am Tag eh der Baum im Auftrag eines Bauspekulanten gefällt wird, aufhängen.« Dennoch blieb er seinem Montagnola treu; dem »Dorf und seiner Landschaft« habe er, wie er zwei Jahre vor seinem Tod schrieb, »viel zu danken«.

Ein letzter Weg muss unbedingt, um im Hesse'schen Vokabular zu bleiben, vielleicht nicht »nach innen«, aber vom Museum über die Via Hermann Hesse Richtung Agra beschritten werden – direkt zu jenem Haus, in dem er seit 1931 wohnte. Der Zürcher Arzt, Sammler und Mäzen Hans Conrad Bodmer hatte am

Oben: Sant'Abbondio und Geistlicher

Waldrand für Hesse ein Haus gebaut, die Casa Rossa, und gewährte ihm lebenslanges Wohnrecht. So entkam Hesse der – geliebten – Enge der Casa Camuzzi, was nötig war, weil er im Dezember 1931 ein drittes Mal geheiratet hatte. Von Ninon Dolbin geborene Ausländer ließ er sich, wie er ungalant verlauten ließ, noch einmal den »Ring durch die Nase ziehen«, nachdem seine zweite Ehe mit Ruth Wenger 1927 nach nur drei Jahren geschieden worden war. Mit Ninon konnte er in der geräumigen Casa Rossa quasi ein separates Leben führen, das für ihn als einen für die Ehe nicht prädestinierten Einzelgänger unumgänglich war. Zudem verstand sich Ninon als eine sich um ihn in allen Lebenslagen kümmernde Gefährtin, ja, Dienerin – kein Wunder, hatte sie ihm schon als 15-Jährige nach der Lektüre von *Peter Camenzind* voller Bewunderung geschrieben. Sie blieb an Hesses Seite, der auf dem über 10.000 Quadratmeter großen Grundstück seiner Leidenschaft als Gärtner endlich wieder nachgehen und so am »bescheidenen Glück der Bauern und Hirten« teilhaben konnte. Und sie schottete ihn ab, nachdem sein Ruhm, vor allem nach der Verleihung des Literaturnobelpreises 1946, wuchs und wuchs. Vergeblich baten Schilder vor der Casa Rossa darum, von unangemeldeten Besuchen Abstand zu nehmen. Hesse ertrug es ächzend, dass Leserinnen und Leser ihn als Ratgeber für alle Lebenslagen aufsuchten und ihn mit Briefen behelligten. An die 40.000 Zuschriften soll er in seinem Leben beantwortet haben.

Zugänglich ist die Casa Rossa nicht. Rot trägt ihre Fassade auch nicht mehr, und die aufragende Tujahecke, die das Grundstück umgibt, macht es nicht leicht, Hermann Hesses letzten Wohnort in Augenschein zu nehmen. Allenfalls lässt sich ein wenig nachempfinden, welche Aussicht er und seine Frau von ihrem Domizil aus genossen. In der Casa Rossa vollendete Hesse sein Hauptwerk, den 1943 erschienenen Roman *Das Glasperlenspiel*. Dieser fand vor allem nach dem Zweiten Weltkrieg zahlreiche Leser, die in ihm nach transzendierenden Trost und nach Erklärungen für das suchten, was während des Nationalsozialismus geschehen war.

Ja, es lohnt sich, Hermann Hesse wiederzulesen, wenngleich auf manchen Büchern wie dem *Steppenwolf* inzwischen eine Patinaschicht liegt, und das zur Erbauungsspoesie degradierte, in Montagnola 1941 geschriebene *Stufen*-Gedicht (» … und jedem Anfang wohnt ein Zauber inne, / Der uns beschützt und der uns hilft, zu leben«) muss es vielleicht auch nicht (mehr) sein. Großartige Prosa hat Hesse in Hülle und Fülle geschrieben, ohne Frage, und wenige Schritte vom

»In diesen paar Jahrzenten habe ich in Montagnola viel Gutes, ja Wunderbares erlebt …«

HERMANN HESSE

Museum entfernt kann man sich bequem zur lesenden Überprüfung niederlassen, bei einem Cappuccino im Café Boccadoro (Goldmund), das selbstverständlich Hermann-Hesse-Ausgaben im Angebot hat.

EMPFEHLUNG:
»Ein Feuer im Kamin zu machen hat sich nicht aufgedrängt, der Juniabend war lau. So lau, dass ich um acht nochmals ins Auto stieg, von Agra hinunter nach Montagnola fuhr und vor dem Hotel Bellevue oder Bellavista parkte ...« So heißt es am Anfang des Romans *Am Hang*, den der Schweizer Markus Werner 2004 veröffentlichte. Sein Protagonist, ein Anwalt, setzt sich auf der Bellevue-Terrasse zu einem anderen Mann, einem Altphilologen, und beide kommen, bei Saltimbocca und Weißwein, ins Gespräch – ein Buch, das im Gepäck jedes Montagnola-Besuchers nicht fehlen darf.

ZUM WEITERLESEN:
Regina Bucher: *Mit Hermann Hesse durchs Tessin.* – *Hermann Hesse – Tessin. Betrachtungen, Gedichte und Aquarelle des Autors.* – Mathias Iven: *Hermann Hesse in Montagnola.* – Herbert Schnierle-Lutz: *Auf den Spuren von Hermann Hesse.*

Rechts oben: Ausstellungsraum im Museo Hermann Hesse
Rechts unten: Im Garten des Museums

IM ZENTRUM DER WELT

GERHARD MEIER UND NIEDERBIPP

In Niederbipp war ich zuvor noch nie. Wenn es einen Nicht-Schweizer (hoffentlich mit gutgefülltem Portemonnaie) in die Schweiz zieht, dann geht es vielleicht nach Basel, Zürich, ins Tessin oder zum Skifahren ins Engadin. Das knapp 5.000 Einwohner zählende Niederbipp, Kanton Bern, liegt am Südfuß des Juras zwischen Solothurn und Olten, wo der Schriftsteller Otto F. Walter den Verlag seines Vaters eine Zeit lang leitete und dessen Kollege Alex Capus heute eine Musik-Bar betreibt.

Niederbipp hat keine überragenden Attraktionen zu bieten. Lange dominierte dort die Landwirtschaft; inzwischen hat sich Industrie, der Pharmagrossist

Galexis zum Beispiel, angesiedelt. Am Bahnhof angekommen, braucht man nicht allzu viel Zeit, um Niederbipps Straßen abzugehen. Alte und neue Häuser stehen unvermittelt nebeneinander; um architektonische Ästhetik hat sich, so scheint es, kaum je einer gekümmert, wenn es ums Einreißen oder Modernisieren ging. Ein Hotel an der Hauptstraße hat seine Tore offensichtlich vor Langem geschlossen und bröselt dem Verfall entgegen. Auf den Gehsteigen zeigt sich selten jemand; ein fahruntüchtiges Postauto steht am Straßenrand.

Eine Gemeinde also, wie es unzählige gibt? Nicht ganz, denn Niederbipp ist längst Teil der literarischen Weltkarte, und dafür gesorgt hat der Schriftsteller Gerhard Meier (1917–2008). Wie Marcel Proust aus seinem Kindheitsort Illiers das Combray in *Auf der Suche nach der verlorenen Zeit* machte oder William Faulkner das Lafaytte County im Bundesstaat Mississippi zum Yoknapatawpha County fiktionalisierte, so verwandelt sich das unscheinbare Niederbipp in Gerhard Meiers Romanen in ein Amrain, das real und entrückt zugleich beschrieben wird: »Amrain war das Zentrum der Welt. Ich hatte es festgestellt, als ich an einem Morgen und sonntags zur Post ging, verhältnismäßig früh am Tag also, und Anfang November. Auf dem Heimweg kam ich an der Brauerei vorbei. Die Bäume ließen die Blätter fallen. Der Wind wirbelte sie herum. Die Toten, das heißt, der alte Fabrikschmied, mein Schulkamerad (Kaufmann und Klavierspieler, Chopinspieler), der massige Wirt der Brauerei, der Chirurg Dr. Ramser und der Schuhmacher, der über viele Jahre seines Lehrers Oberturner war, alle diese Dahingegangenen schauten den Blättern nach. Und ich fühlte, sehr heftig eigentlich, dass das nun das Zentrum der Welt sein musste: Amrain, insbesondere die Brauerei zu Amrain, samt den Häusern darum herum, dem Boden darum herum und samt den Bäumen darauf, auch jenen, die es nicht mehr gab.«

Gerhard Meier verließ seine Heimatgemeinde Niederbipp selten. Allenfalls reiste er mit seiner Frau Dorli nach Venedig, St. Petersburg, Paris oder auf die Insel Rügen, woher seine Mutter stammte. Das Elternhaus am Jurafuß, in das er 1947 zurückkehrte, blieb sein Fundament, der Ausgangspunkt seiner Erkundungen, die mit dem wachsenden medialen Angebot an Bildern und Reizen bewusst nicht wetteifern wollen.

Als »geborenen Provinzler«, als »Sesshaften« hat sich Meier selbst bezeichnet, und doch ist seine Prosa frei von kleingeistigen, idyllisierenden Betrachtungen, die das Bodenständige und die Vergangenheit verklären. Seine Bücher zu lesen,

Aus Provinzlern werden bei Gerhard Meier Weltbürger.

das bedeutet sich auf einen entrückten Kosmos einzulassen, in dem die Uhren langsamer ticken, ja, im Idealfall stillstehen. Jene Gelassenheit, die heute in philosophischen Ratgebern so erfolgreich gepredigt wird, lässt sich bei Gerhard Meier am einfachsten lernen. Sein Hauptwerk, die zwischen 1979 und 1990 erschienene Baur-und-Bindschädler-Tetralogie, verzichtet darauf, den Lesern »action« zu bieten, tut nicht so, als bestünde das Leben aus sich ständig überschlagenden Ereignissen. Die Dinge sind geschehen, die Dinge geschehen, die Dinge werden erinnert, und in Gespräch und Reflexion lassen sich vielleicht die »Fäden in den Griff bekommen, die einen verbänden mit dem Verflossenen, Dahingegangenen, Unwiederbringlichen«.

Die alten Dienstkameraden Baur und Bindschädler sind zu Fuß unterwegs, durch Olten und durch Amrain, das Niederbipp so verflixt ähnlich sieht. Im dritten Teil, der *Ballade vom Schneien*, wacht Bindschädler zuletzt an der Seite des sterbenden Baur, doch damit sind die beiden, sind ihre Geschichten nicht an ihr Ende gekommen. Der Schlussband *Land der Winde* greift das beharrlich-intensive Gespräch der Männer wieder auf. An einem Novembertag des Jahres 1988 findet sich Bindschädler, der schweigsame Zuhörer, erstmals in Amrain, in jenem »Zentrum der Welt«, ein, um das Grab seines einstigen Gefährten aufzusuchen, und noch einmal werden die Erzählfäden der Vergangenheit aufgegriffen und miteinander verwoben.

Meiers sich in Assoziationen und Erinnerungen verästelndes Prosagespinst variiert Episoden, die das Amrainer Dorfleben prägten, ständig aufs Neue, manchmal wortgetreu, manchmal aus wechselnden Perspektiven geschildert. So verschwimmen das Gestern und das Heute beim Lesen; die Kunst der Wiederholung macht aus Amrain einen transzendenten Ort, und aus den Provinzlern werden Weltenbürger. Und so ist der Roman für Meier »einem Teppich vergleichbar, einem handgewobenen, bei dessen Herstellung besonders auf die Farben, Motive achtgegeben wird, die sich wiederholen, abgewandelt natürlich, eben handwerklich gefertigt, beinahe mit einer gewissen Schwerfälligkeit behaftet, und der einen an ein Mädchen aus der Schulzeit erinnert und an eine Blumenmatte mit Kirschbäumen darauf, die gerade blühen.«

Es tut gut, mit Gerhard Meiers Büchern im Kopf durch Niederbipp zu gehen, sich erzählen zu lassen, wie selbst unscheinbarste Winkel und Gassen eine Geschichte in sich tragen. Meier und sein Alter Ego Kaspar Baur empfinden Häuser

Links oben: Interieur des Brauereigasthofs.
Rechts oben: Die Uhr des Schuhmachers ist stehengeblieben.

als »Individuen«, als »Kameraden des Menschen, die ihm Obdach gewähren, wobei die Mauern, der Verputz der Häuser das in ihnen ausgehauchte oder pulsierende Leben quasi aufnehmen, über Jahrzehnte hin bewahren und gelegentlich wieder über Gerüche, Töne an nachfolgende Generationen abgeben«. So werden sie langsam wieder lebendig, das Haus des Uhrmachers, der Kiosk, die alte Bäckerei, das rote Hotel, die Brauerei, diese »Kühltruhen des Lebens«, und ob sie vor dem Abriss bewahrt wurden oder nicht, spielt dann keine entscheidende Rolle mehr.

Wie das Entschwundene nachwirkt, wie es weiterlebt, lässt sich am schönsten in Meiers letztem Text *Ob die Granatbäume blühen* (2005) nachlesen, diesem schmalen Epilog seines Lebens. Auslöser war der Tod seiner Ehefrau Dorli, die 1997 nach sechzig gemeinsamen Jahren einer Nervenkrankheit erlag. Gerhard Meier spricht die Tote direkt an, berichtet ihr von dem, was sich zwischenzeitlich ereignet hat, signiert wie selbstverständlich ein Buch für sie und sinniert ohne pathetischen Überschwang darüber nach, wie es sein wird, wenn er und Dorli wieder zusammenkommen werden: »Wenn du mich jemals wieder bei meinem Namen rufst, Dorli, gehen wir den Rosen nach im Garten des Palazzos, den Lilien, dem Rittersporn ...«

Meier hält Zwiesprache mit der Verstorbenen, als säße sie weiterhin neben ihm, im Niederbipper Haus, das seit einigen Jahren die Adresse Gerhard-Meier-Weg 17 trägt und über dreihundert Jahre auf dem Buckel hat. Die Lampenfabrik AKA, für die Meier, erst als Arbeiter, später als Designer, lange arbeitete, ehe er den

Mut fand, sich als freier Schriftsteller durchzuschlagen, liegt nur zwei Steinwürfe entfernt. In Friedrich Kappelers Film *Das Wolkenschattenboot* sieht man Meier bei den alltäglichen Verrichtungen zu, bei der Gartenarbeit, beim morgendlichen Kaffeetrinken in der Gartenveranda, beim Blick auf den gestutzten, efeubewachsenen Kirschbaum, ein Leitmotiv des Baur-und-Bindschädler-Zyklus.

Meiers Sohn, der Künstler Pedro Meier, bewohnt das Haus inzwischen, hat sich darin ein Atelier eingerichtet und keine Anstalten unternommen, die Erinnerung an seine Eltern abzutragen. Der Sonnenhut der Mutter, ein Blatt aus Marcel Prousts Garten in Illiers-Combray, die Fahrräder, abgetragene, verstaubte Hosen des Vaters, ein von einem Leser überbrachtes Glas mit Erde von Tolstois Grab, Schubert- und Mahler-Langspielplatten, die Ställe, in denen die Familie einst Angorahasen zur Wollgewinnung hielt – nichts hat Pedro Meier beiseitegeschafft oder geordnet, als ginge es darum, im Haus seines Vaters die Schichten der Vergangenheit sorgsam zu lagern, für alle Ewigkeit aufzubewahren.

Im Lauf der Jahre ist das Haus zugewachsen, ein Fremdling in dieser schmalen Seitenstraße, in der eher gepflegte Wohnhäuser mit Kübelpalmen auf der Terrasse zu finden sind. Pedro Meier, der mich freundlich durch die überfüllten, niedrigen Zimmer führt und vor gefährlichen Stiegenstufen warnt, hat keinen Schlussstrich gezogen, nichts modernisiert. Als wolle er die Poetik seines Vaters, dem das Nicht-mehr-Existente nicht unwichtiger als das Noch-Existente war, in sein eigenes Leben integrieren, darf bleiben, was hier schon immer war. Kein

Wunder, dass auf dem Briefkasten der – verblasste – Schriftzug »Gerhard Meier« nie entfernt wurde. Denn im Grunde wohnt der ja noch immer hier, in diesem allmählich zuwuchernden, verwunschenen Hexenhäuschen.

Erstausgaben von Gerhard Meiers frühen Lyrikbänden tauchen aus den Untiefen eines Tisches auf, und als ich plötzlich Schulaufsätze Meiers und Liebesbriefe, die er mit seinem Dorli wechselte, in Händen halte, spiele ich mit dem Gedanken, umgehend den Archivar irgendeines Literaturmuseums anzurufen, auf dass diese Schätze bloß nicht verlorengehen. Im kleinen Garten sieht es nicht anders aus. Kunstinstallationen Pedro Meiers machen sich auf der Wiese breit, und eine überdachte Nische, das »Gartenhäuschen«, in dem Meier seinen Kaffee zu trinken pflegte, lädt unverändert zum Verweilen auf wackligen Stühlen ein. Flaschen mit selbstgebranntem Schnaps passiere ich, ehe es in Pedro Meiers Atelier geht und in einen Schuppen, der in grauer Vorzeit als Kuh- und Pferdestall diente. Die gelbe Färbung der Balken sei, so Pedro Meier, dem Ammoniak des Tierurins zuzuschreiben.

So sehr sich Niederbipp in den letzten Jahrzehnten verändert hat, so viele Gebäude niederbrannten, verfielen – es ist immer noch möglich, auf Gerhard Meiers Spuren durch Niederbipp zu gehen. Die Spaziergänger Baur und Bindschädler sind Augenmenschen, die sich für jedes Detail interessieren, und so sind Meiers Bücher eine wahre Niederbipper Heimatkunde. Aus Anlass von Meiers 100. Geburtstag würdigte die Gemeinde ihn 2017 mit der Ausstellung *100 Jahre Gerhard*

Rechts oben: Pedro Meier, im Haus der Eltern

695 1-3

Gerhard Meiers Bücher zu lesen, das bedeutet sich auf einen entrückten Kosmos einzulassen, in dem die Uhren langsamer ticken, ja, im Idealfall stillstehen.

Links: Blick von Meiers Stammplatz
Rechts oben: Der Orgelspieler der reformierten Kirche gewährt Einlass.

Meier – Weltenbürger aus Amrain, die im Kulturverein Räberstöckli zu sehen war. Parallel dazu lud ein 21 Stationen umfassender, leider nur temporärer »Literaturweg« dazu ein, sich Niederbipp mit Zitaten aus Meiers Werk anzueignen. So gehe ich über die Dorfstraße in den Hintermattweg, wo Meier »sein erstes Filmerlebnis« hatte, »im Zirkus Wanner, der den Stummfilm aufs Dorf gebracht hatte«. In einem Hausfenster stand damals ein Projektor, der den Film auf die andere Straßenseite, ans Bösiger-Haus warf. Ein paar Meter weiter, neben dem Coop-Markt und der Poststelle, muss die Erinnerung weiterhelfen: Dort stand einst ein Kiosk, den Dorli Meier betrieb, als ihr Mann 1974 seine Arbeit in der Lampenfabrik aufgab – eine Entscheidung, die viele im Dorf skeptisch sahen. Mittags brachte Meier seiner Frau das Essen, das man gemeinsam im Kiosk einnahm, und seine Sorgfalt ging so weit, dass er, wie erzählt wird, das Terrain sauber hielt und Kaugummireste von den Gehwegplatten kratzte.

Von da ist es nicht weit zum Bahnhof und zum Doktorsträssli, wo sich – Hausnummer 6 – eine eindrucksvolle Jugendstilvilla, das Von-Rütte-Haus, erhalten hat. Auch zu ihr fällt der Romanfigur Baur etwas ein: »Auf eine Villa

hinweisend, die inmitten von Linden und anderen Bäumen am Bahnhofssträßchen stand, bemerkte Baur, dass diese aus einer Zeit stamme, da Kaiser Franz Joseph noch wacker im Sattel gesessen sei.« Ein Stück weiter, auf der Unteren Dürrmühlestraße geht es zum Brauereigasthof, wo einst der massige Wirt, der »Schaum-Gödu«, »in der leeren Gaststube gesessen und bei offenem Fenster ein gewaltiges Gelächter losgelassen habe«.

Das Ende eines Gerhard-Meier-Rundgangs durch Niederbipp bilden natürlich die reformierte Kirche, wo der regelmäßige Gottesdienstbesucher Meier auf der Empore seinen Stammplatz hatte, und der Friedhof, auf dem Dora und Gerhard Meier ihre letzte Ruhestätte fanden. Der nicht ausgeschilderte helle Grabstein führt in schnörkelloser Schrift nicht mehr als die Namen und Lebensdaten der Eheleute auf. Friedhofsgänger haben als Erinnerung Kieselsteine auf dem Grabmal zurückgelassen ... »Warum, Bindschädler, hat man im Alter dieses verrückte Bedürfnis, zurückzuschauen oder mit dem Gestern zu leben, oder immer wieder die Fäden in den Griff zu bekommen, die einen verbinden mit dem Verflossenen, Dahingegangenen, Unwiederbringlichen, das sich irgendwo aufgelöst haben müsste und das doch präsent, nicht wegzuschaffen ist? Das dann irgendwie mit uns in die Erde gelegt wird, wo es sich auflösen, verflüchtigen oder miteingehen müsste ins Mineralische, Stoffliche, um dann in den Blumen, den Lilien zum Beispiel, den Astern, den Schneeglöckchen, Vergissmeinnicht über uns wiederum präsent zu werden, als deren Duft (sofern sie solchen abzugeben belieben) zu verströmen.«

Den Heinrich-Böll-, Petrarca- und Hermann-Hesse-Preisträger Gerhard Meier zu lesen, das schult die Aufmerksamkeit, im Kleinen das Große, das Überzeitliche wahrzunehmen. Durch ihn, den Provinzler, werde, so sein Bewunderer Peter Handke, die Schweiz ein »großes Land«, und diese Ausweitung in andere Sphären wäre für Meier undenkbar gewesen ohne die Erfahrung der Kunst. Allenthalben sind seine Texte durchzogen von Auseinandersetzungen mit seinen Leitbildern aus bildender Kunst, Musik und Literatur. Schostakowitsch, Caspar David Friedrich, Charles Ives, Robert Walser, Stifter, Tolstoi oder Proust werden zu Wegbegleitern der eigenen Weltdurchdringung. Das Sprechen und Nachdenken über sie gehört ganz selbstverständlich zu den (Selbst-)Gesprächen, die Meier und seine Figuren unentwegt führen: »Am Nachmittag setzte ich mich wiederum mit Claude Simons ›Gras‹ unter den Holunderbaum, wobei ich erneut die Zeit zu

Links: Das alte Spital

riechen, das dahinziehende Leben zu hören vermeinte, zwischendurch aber den Blick schweifen ließ, den Jurahang hoch, in einen Himmel, der ohne Wolken war.«

So verlässt man Niederbipp, liest Gerhard Meiers Bücher wieder und wieder und versteht mit einem Mal, warum gerade hier das Zentrum der Welt liegen könnte …

EMPFEHLUNG:
Wer Niederbipp bereist, sollte auch Oberbipp bereisen, im gediegenen Gasthof Bären (Kirchgasse 3, CH-4538 Oberbipp) nächtigen, abends ein Gemspfeffer oder ein Cordon bleu vom Kalb zu sich nehmen und am nächsten Tag die knapp fünfzehn Kilometer nach Solothurn zurücklegen. In dessen Kunstmuseum hängt eines von Meiers Lieblingsbildern, Albert Ankers *Mädchenbildnis auf rotem Grund* (1867).

ZUM WEITERLESEN:
Gerhard Meier: *Baur und Bindschädler. Amrainer Tetralogie.* – Gerhard Meier/Werner Morlang: *Das dunkle Fest des Lebens. Amrainer Gespräche.* – Richard Kölliker (Hrsg.): *»Ich mag das Haschen nach Wind«. Spiritualität im Werk von Gerhard Meier (1917–2008).*

RINGSUM DIE BRANDENDE STADT

MAX FRISCH UND ZÜRICH

GEBURTSHAUS
VON
MAX FRISCH
1911-1991

Das mit Zürich ist keine einfache Angelegenheit. Während es offenbar leichtfällt, vom aufregenden Leben in New York, Berlin oder Paris zu erzählen, scheint es keine ausgemachte Sache zu sein, Zürich als weltoffene Metropole zu preisen und sich nicht an seiner zur Schau getragenen Dezenz zu stören. Gottfried Benns häufig zitiertes Gedicht *Reisen* zum Beispiel stellt infrage, ob Zürich »eine tiefere Stadt« sei, »wo man Wunder und Weihen immer als Inhalt« habe, und sein Kollege Alain de Botton lobt seine Geburtsstadt Zürich in dem Essay *Über den Charme der Langeweile* auf doppelbödige Weise: »Das wohl größte Kompliment, das man meiner Heimatstadt Zürich aussprechen kann, ist, sie als eine der bürgerlichsten Städte der Welt zu bezeichnen.«

Da sich mit den Adjektiven »bürgerlich« oder »bourgeois« jedoch meist wenig Staat machen lässt, klagt de Botton über seine Schwierigkeiten, »hübsche Mädchen für Zürich zu begeistern«. Seine Argumente verfingen beim weiblichen Geschlecht nur zögerlich: »Das Exotischste an dieser Stadt ist definitiv, wie wunderbar langweilig alles ist. Hier wird niemand von fehlgeleiteten Kugeln getroffen, auf den Straßen herrscht Ruhe, alles ist sehr ordentlich, und der Bürgersteig ist, genau wie in dem Sprichwort, so sauber, dass man davon essen könnte (obwohl ich noch niemanden gesehen habe, der es tatsächlich versucht hätte).«

Langeweile – das ist auf den ersten Blick kein Beleg für Attraktivität, vor allem in intellektuellen Kreisen. Auch Max Frischs Verhältnis zu Zürich war kein problem- und reibungsloses. Die ersten fünfzig Jahre seines Lebens verbrachte er an wechselnden Wohnsitzen in Zürich und Umgebung, unterbrochen lediglich von Reisen und dem Militärdienst, und was auch immer ansonsten an Orten – Rom, New York, Berzona – in seiner Biografie eine Rolle spielt, Zürich blieb der Fixpunkt. Dorthin kehrte er 1983 zurück, dort starb er 1991, und per Straßenbahn und zu Fuß kommt man bequem von seinem ersten zu seinem letzten Wohnsitz. Von der Tramstation Hegibachplatz ist man in zwei Minuten vor dem so schmucken wie schlichten Doppelhaus Heliosstraße 31/33. Die linke Hälfte – mit weiblichem Portalkopf über dem Eingang – ist, wie es auf einer dezenten Gedenktafel steht, Frischs Geburtshaus, wo er mit seinen Eltern die ersten neunzehn Lebensjahre, bis 1930, verbrachte. Unspektakulärer noch ist Frischs letzte Bleibe, in der Stadelhoferstr. 28, ein mehrstöckiges, kantiges Mietshaus mit nach innen gebauten Balkonen, das in einem ein paar Schritte von der Straße entfernten Innenhof liegt und selbstverständlich mit der obligatorischen Plakette »In diesem Haus wohnte …« versehen ist.

Vorausgehende Seite: Restaurant Terrasse
Links: Wohnort Heliosstraße

Weder die Helios- noch die Stadelhoferstraße verströmen dichterische Aura, sind keine Schriftstellerbleiben, die ein langes Verweilen lohnen. Doch von Frischs Sterbedomizil aus, das in wenigen Minuten vom Bellevueplatz über die Rämistraße erreicht ist, öffnen sich viele Wege zu Orten, die für sein Leben und Werk von eminenter Bedeutung waren. Sie allesamt liegen dicht beieinander, und so braucht es keine große Ausdauer, um sich von einem zum anderen treiben zu lassen. Beginnen kann man beispielsweise mit dem Schauspielhaus im Pfauen-Gebäude an der Rämistraße, in dem die meisten Theaterstücke Frischs Premiere feierten. *Nun singen sie wieder* war das erste Stück, mit dem Frisch hier – im März 1945 – debütierte, und sein 1950 erschienenes *Tagebuch 1946–1949* bezeugt seine intensive Begeisterung für das Theater: »Heute wieder einmal an einer Probe, und da ich eine Stunde zu früh war, verzog ich mich in eine Loge, wo es dunkel ist wie in einer Beichtnische. Die Bühne war offen, zum Glück, und ohne Kulissen, und das Stück, das geprobt wurde, kannte ich nicht.«

Manche von Frischs heute etwas patinabehafteten Stücken – *Biedermann und die Brandstifter* oder *Andorra* (1958 bzw. 1961 in Zürich uraufgeführt) – wurden nicht nur in der Schweiz Schullektüre, und die enge Bindung Frischs zu »seinem« Theater im Pfauen spiegelt sich auch darin wider, dass dort im April 2018 in der Regie von Stephan Müller das Stück *Ärger im Paradies. Ein Max Frisch Trip durch Zürich, Zeit und Zorn* seine Premiere hatte. Es erinnert vor allem an den unbequemen, für die Demokratie streitenden Max Frisch der an Zürich und an der Schweiz litt, an der Enge und an der Scheu, sich Neuem zu öffnen. So ist in seinen Äußerungen kein Platz für unkritische Zuneigung, wie sie sich bei Zugereisten, bei Nicht-Schweizern findet. Die kritische Distanz zur Herkunft (»Ich bin froh, Heimat zu haben – aber kann ich sagen, es sei die Schweiz?«) schafft eine lebhafte Ambivalenz, ablesbar im Roman *Stiller*, wo zuerst der Konjunktiv regiert – »Zürich könnte ein reizendes Städtchen sein« –, ehe der Indikativ ebenso zu seinem Recht kommt: »Vor allem aber entzückt mich die Lage ihres Städtchens, das auf beiden Seiten von gelassenen Hügeln umarmt wird, von natürlichen Wäldern, die zu ländlichen Wanderungen locken, und in der Mitte glitzert ein grünes Flüsschen, das die Richtung nach den großen Ozeanen verrät.«

Auch Frischs *Tagebuch 1946–1949* enthält solche Liebeserklärungen, aufgezeichnet im Café de la Terrasse am Limmatquai. Da schlägt es elf Uhr an einem Samstag, und der Chronist sieht »ringsum die brandende Stadt, arbeitsam und

»Das Exotischste an dieser Stadt ist definitiv, wie wunderbar langweilig alles ist.«

ALAIN DE BOTTON

rege, das Hupen der Wagen, das hohle Dröhnen von den Brücken« – und ist gleichzeitig auf seinem Stuhl eingefügt in die »grünende Insel der Stille, der Muße«, wo sich das »rieselnde Baumlicht, über den marmornen Tischlein« ausbreitet. Und immer wieder richtete sich Frischs Blick Richtung See, dorthin, wo eine andere Atmosphäre entsteht, geschaffen auch von den Touristen, die »sie dann für die Atmosphäre von Zürich halten«, und wo es weniger auffällt, »wenn man fröhlich ist und auf offener Straße etwa lacht …«.

Frisch-Premieren im Schauspielhaus endeten oft in einem der berühmtesten Zürcher Restaurants, der Kronenhalle. 1924 übernahmen Hulda und Gottlieb Zumsteg das damalige Hôtel de la Couronne an der Rämistraße 4 und eröffneten es neu als Restaurant Kronenhalle. Dieses avancierte bald zum Treffpunkt von Literaten und Künstlern jedweder Provenienz, darunter Coco Chanel, Yves Saint Laurent, Pablo Picasso, Alberto Giacometti und James Joyce. Von außen wirkt diese wahrhafte Institution mit ihrem den Besucher begrüßenden »unendlich zarten Duft nach kühler Butter und Bouillon« (Martin Mosebach) unscheinbar, ja fast kühl – so wie es Sibylle Berg in ihrem Text *Der Hut* festgehalten hat: »Sie stand vor der Scheibe. Die Halbgardinen verunsicherten sie. War das ein Humor, den sie nicht verstand, an dem Ort, der das heimliche Herz der Stadt sein sollte, dem Zentrum von Macht, Reichtum, Vetternwirtschaft solche Gardinen aufzuhängen, Ausgeburten eines Reihenhauswahns?« Allen Unkenrufen zum Trotz hat sich die Kronenhalle eine Strahlkraft erhalten, und die in Zürich ansässigen

Links oben: Foyer im Pfauen, Schauspielhaus Zürich
Rechts oben: Interieur der Bodega Española

Literaturagenten kommen bisweilen nicht umhin, ihre Autoren zum Abendessen dorthin auszuführen. Wo Joyce saß, gehöre ich auch hin …

Wer mit Einheimischen oder Zugereisten über die Kronenhalle spricht, hört unterschiedliche Urteile. Die einen beklagen, dass der künstlerische Nimbus längst verflogen ist und sich heute vor allem Geschäftsleute die Türklinke in die Hand geben. Die anderen wollen den alten Zauber immer noch spüren und begeistern sich an den Berichten, als sich hier einst unbeschwert und feuchtfröhlich die Künste selbst feierten. So oder so: mit dürftig gefüllter Brieftasche sollte man die Kronenhalle auf keinen Fall aufsuchen. Das Dezi Weißwein für 13 Franken, das unverzichtbare Kalbsgeschnetzelte für 58 Franken oder ein Filet de bœuf au poivre (mit Rösti natürlich) für 66 Franken – das gibt nicht jedes Schriftstellerportemonnaie her.

Manchen mag es das freilich wert sein, denn wer im Fotoalbum der Kronenhalle blättert, stößt wieder und wieder auf Bilder, die die großen Freunde – und Antipoden – der Schweizer Literatur des 20. Jahrhunderts in mal trauter, mal hoch erregter Runde zeigen, Pfeife rauchend und Wein trinkend: Max Frisch und Friedrich Dürrenmatt. Beide beobachteten sich zeitlebens, nicht ohne Eifersucht, pflegten einen oft vertrauensvollen Umgang, der nicht verhehlte, dass sie sich im Grunde fremd waren, und gerieten in Streit. In der Kronenhalle immerhin fühlten sich beide gleichermaßen wohl, und der zehn Jahre jüngere Dürrenmatt hat sie gar in einem gleichnamigen Gedicht verewigt: »Ich bin an wenigen Orten daheim / Im Haus über dem See / Auf der andern Seite des Monds / Auf der Bühne des

Schauspielhauses / Umstellt von Kulissen / Und in der Kronenhalle / In Mutter Zumstegs Reich / Die Leberknödelsuppe dampft / Aldo kommt mit dem Wagen angerollt / Und ich denke über einen Auftritt der Giehse nach«.

Das Werk Dürrenmatts wird heute vor allem im Centre Dürrenmatt in Neuenburg gepflegt, während sich um Frisch das 1980 begründete Max-Frisch-Archiv an der ETH Zürich kümmert. Es erschließt Quellenmaterial, stellt es der Forschung zur Verfügung und zeigt regelmäßig Ausstellungen, 2018/19 etwa zum Thema »Max Frisch und das Recht«. Dürrenmatt und Frisch, Dürrenmatt oder Frisch – zu wessen Gunsten sich die Waage der literarischen Kanonisierung zuneigen wird, scheint noch offen. Gute Karten besitzen beide; vielleicht hat Frisch die besseren.

Wer die Kronenhalle aus welchen Gründen immer scheut, braucht nicht weit zu gehen, um trotzdem literarisches Flair abzubekommen: im Café Odeon. 1911 eröffnet, erwarb es sich schnell den Ruf eines Intellektuellentreffpunkts. Ungezählt die Namen derjenigen, die hier ihre Zelte aufschlugen, debattierten, Zeitung lasen, Schach oder Billard spielten oder sich nur zeigen wollten, darunter Stefan Zweig, Hans Arp, Franz Werfel, Else Lasker-Schüler, Claire Goll, Frank Wedekind, William Somerset Maugham, Erich Maria Remarque, Franz Lehár, Arturo Toscanini, Wilhelm Furtwängler oder James Joyce, angereichert durch Künstler, die nicht weit nach Hause hatten: Frisch, Dürrenmatt oder Hugo Loetscher. Auch Albert Einstein und Ferdinand Sauerbruch gehörten dazu, ebenso wie Lenin und der junge Mussolini.

Wer heute das Odeon aufsucht, muss wissen, dass es mit der alten Herrlichkeit nicht weit her ist. In den 1960er-Jahren als Drogentreffpunkt in Verruf geraten, schloss das arg demolierte Café 1972 seine Pforten. Mittlerweile steht es unter Denkmalschutz; seine Fläche umfasst nur noch ein Drittel der ursprünglichen. Schriftsteller trifft man im Odeon selten. Wer diese sehen will, braucht nur den Limmatquai entlanggehen, bis zum Zürcher Literaturhaus, das ein exquisites Programm bietet. Immerhin erinnert eine Tafel im Interieur daran, dass das Odeon in alter Zeit den Getränkeausschank revolutionierte: Sein erster Wirt, der Münchner Josef Schottenhaml, gilt zumindest in Zürich als Erfinder des »Cüplis«, des Champagnerverkaufs glasweise.

Café de la Terrasse, Kronenhalle, Odeon – das mögen die markantesten Lokalitäten sein, in denen Max Frisch verkehrte. Weniger bekannt ist, dass man auf

Die Kronenhalle avancierte bald zum Treffpunkt von Literaten und Künstlern jedweder Provenienz.

Hunde, Rosse
und Geschosse
Festgelage
Krieg & Jagd.
Prächtig Leben
wem's gegeben
wie dem Junker
unverzagt:
Kleine Waare
wunderbare
weit verzweigte
Krämerzunft
Hard
EICHHOF
LÖWENBRÄU
MUENCHEN
Pilsner Urquell
TUBORG
Pilsner Urquell
EICHHOF

Gerwe
Raue Häute,
derbe Leute,
scharfes Eisen,
breite Brust,
wakre Hände
Wer sie fände
jetzt wie ehmals
welche Lust!
Saffran

seinen kulinarischen Spuren auch dann wandelt, wenn man ins Niederdörfli der Altstadt geht und in der Bodega Española (Münstergasse 15) einkehrt. Deren Geschichte reicht bis in das Jahr 1874 zurück, als die katalonische Familie Gorgot an diesem Platz eine Weinhandlung aufmachte. Frischs zweite Ehefrau, die dreißig Jahre jüngere Marianne Frisch geborene Oellers, erinnerte 2010 in einem Gespräch daran, dass die Bodega zu seinen Lieblingskneipen gehörte: »Das Schöne ist, dass sich hier seit damals nichts verändert hat, weil der frühere Besitzer es in seinem Testament so verfügte«.

So lohnt es sich, einen Abend in der Bodega Española zu verbringen, bei valencianischer Paella oder luftgetrockneten Thunfischfilets aus Málaga, und sich einzubilden, Max und Marianne Frisch säßen am Nebentisch.

Elf Jahre hielt diese Ehe – eine von vielen Verbindungen Max Frischs, der von Treue wenig hielt und sich gern markant jüngeren Frauen zuwandte, bis zu seinem Tod. In Zürich lebte er eine Zeit lang auch mit Ingeborg Bachmann zusammen, die er im Juli 1958 in Paris kennengelernt hatte – eine komplizierte Beziehung, die beide in ihren Werken auf zum Teil einschneidende, unerbittliche Weise verarbeiteten, Frisch in *Mein Name sei Gantenbein* und *Montauk*.

Obwohl Frischs erste Ehe mit Trudy von Meyenburg, der Mutter seiner drei Kinder, noch bestand, bezog er mit Ingeborg Bachmann eine gemeinsame Wohnung, die dem Maler Gottfried Honegger gehörte, in der Feldeggstraße 21, unweit des Seebads Utoquai. Der noch verheiratete Familienvater, die legendenumrankte Dichterin, die 1954 schon die Titelseite des »Spiegels« geschmückt hatte – das bot für die Anwohner reichlich Gesprächsstoff und überforderte ihre Toleranz. Als Ingeborg Bachmann im leichten Morgenrock am Sonntag Teppiche im Hinterhof auszuklopfen begann, riefen die um Anstand bemühten Nachbarn die Polizei, und Wohnungsinhaber Honegger setzte das prominente Paar vor die Tür. Später zogen beide nach Uetikon an den See, ins Haus zum Langenbaum. In der Feldeggstraße 21 residiert heute, passenderweise, eine Praxisgemeinschaft, in der »personen- und lösungsorientierte Maltherapie« angeboten wird.

Ein letzter Frisch-Weg in Zürichs Altstadt: von der Bodega Española wenige Schritte zum Rosenhof-Markt, wo donnerstags und sonntags Kleider, Schmuck, Steingut und Kulinarisches feilgeboten werden. Eingerahmt ist das rechteckige Areal von Restaurants und Bars, und inmitten dieser Altstadtoase steht ein kleiner, merkwürdiger Brunnen, der Niemands-Brunnen. In seine Stele sind Inschriften von Max Frisch eingemeißelt, die man in seinem *Tagebuch 1966–1971* nachlesen kann. Mitunter Frisch-Brunnen genannt, entstand er 1967 als Mahnmal: »hier ruht kein kalter krieger / dieser stein der stumm ist / wurde errichtet zur zeit des / krieges in Vietnam / 1967«. Dass die Zürcher Stadtvorderen keine Einwände dagegen vorbrachten und nur eine Textabänderung verlangten, verwundert im Nachhinein ein wenig.

Was bleibt? Einen Max-Frisch-Platz gibt es auch, doch den Weg dorthin kann man sich getrost sparen. Offenkundig in Ermangelung attraktiver Örtlichkeiten ist dem Bahnhofsvorplatz in Oerlikon die Ehre zuteil geworden, nach Max Frisch benannt zu werden. Wer mit der Bahn Richtung Flughafen fährt, dem gelingt es vielleicht, einen Blick auf den Max-Frisch-Platz zu werfen. Schönes wird er da nicht sehen, ein Bahnhofsvorplatz bleibt ein Bahnhofsvorplatz, selbst wenn man ihn mit Bäumen bepflanzt und nach einem Schriftsteller benennt.

Eine Grabstätte Frischs gibt es nicht; seine Asche wurde in Berzona verstreut. Doch Zürich hat Glück – es besitzt ein hoch lebendiges Max-Frisch-Denkmal, eines, das er sich selbst als gelernter Architekt gesetzt hat: das Freibad Letzigraben im Stadtteil Albisrieden. 1943 erhielt der junge Architekt den Zuschlag für ein Freibad, für dessen Gartenausstattung Gustav Ammann zuständig war. Vier Jahre dauerte es bis zum Baubeginn, und 1949 wurde das Freibad mit seinem Zehnmeterturm und einem ungewöhnlichen Restaurantpavillon eingeweiht. Frisch, der bereits 1934 seinen ersten Roman veröffentlicht hatte, schwankte lange, ob er seinen Brotberuf als diplomierter Architekt weiter ausüben oder sich endgültig der Literatur zuwenden sollte. Sein *Tagebuch 1946–1949* berichtet von diesem Hinundhergerissensein. Fotos zeigen den jungen Frisch auf der Baustelle des Sommerbads und mit einem hoch interessierten Gast, dem Kollegen Bertolt Brecht, der fasziniert davon war, einem Schriftsteller bei einer ganz anders gearteten Arbeit zuzusehen und statische Probleme erklärt zu bekommen.

Und dann war es endlich so weit: »Heute, Samstag achtzehnter Juni, ist die Anlage eröffnet worden. Sonniges Wetter und viel Volk. Sie schwimmen, springen von den Türmen. Die Rasen sind voll von Menschen, halb nackt und halb bunt, und es ist etwas wie ein wirkliches Fest; ein paar alte Leutchen, die natürlich nicht baden, bewundern die vielen Blumen, und der Pavillon mit den blauweißen Stores hat stürmischen Betrieb. Noch wird alles, bevor es benutzt wird, wie ein neues Spielzeug betrachtet; nur die Kinder planschen drauflos, als wäre es immer so gewesen.«

Das Letzibad, auch Max-Frisch-Bad genannt, steht inzwischen unter Denkmalschutz. 2006/07 wurde es grundlegend saniert. Eine kleine Ausstellung erinnert an seinen Architekten. Schwimmlustige Literaturreisende sollten bedenken, dass die Saison Mitte September endet.

EMPFEHLUNG:

Wenn wir schon durchs Niederdorf gehen, dann unbedingt zum grandiosen Kolonialwarenladen Schwarzenbach (Münstergasse 19), der seit 1864 in Familienbesitz ist. Säuerliche Trockenaprikosen aus der Türkei gefällig? Hausgemachte Gewürznüsse oder Rauchmandeln? Linsen aus aller Herren Länder? Glarner Birnbrot? Safran-Tagliatelline? Oder doch lieber eine der 150 Teesorten? Wählen Sie in Ruhe aus, es ist schwer genug. Selbstbedienung gibt es bei Schwarzenbach nicht, doch wer würde sich nicht umstandslos den freundlichen Frauen hinter dem Tresen anvertrauen?

ZUM WEITERLESEN:

Ulrich Binder/Pierre Geering (Hrsg.): *Freibad Letzigraben. Von Max Frisch und Gustav Ammann.* – Volker Hage (Hrsg.): *Max Frisch. Sein Leben in Bildern und Texten.* – *Ich bin an wenigen Orten daheim. Die Zürcher Kronenhalle in Geschichten.* – Ute Kröger: *»Zürich, du mein blaues Wunder«. Literarische Streifzüge durch eine europäische Kulturstadt.* – Ulrike Wiebrecht: *Blankes Licht der Föhnbläue.* In: Der Tagesspiegel, 13.9.2010.

NEPOMUK
PVČS 321 069 89

EIN MÜTTERCHEN MIT KRALLEN

FRANZ KAFKA UND PRAG

Dr. FRANZ KAFKA
250M

Schlimmer ist es auf dem Markusplatz in Venedig auch nicht. Nein, schlimmer als während der Sommermonate im Prager Zentrum, wenn sich Besuchermassen aus allen Ecken der Welt durch den Altstädter Ring und über die Karlsbrücke zum Hradschin schieben, wenn Kellner schwere, schlecht eingeschenkte Krüge mit Pilsner Urquell und Teller mit Entenkeulen und böhmischen Knödeln durch vollbesetzte Tischreihen jonglieren, kann es in Venedig nicht einmal sein, wenn mehrere Kreuzfahrtschiffe gleichzeitig ankommen. Ja, es ist nicht leicht, sich gegen eine solche Invasion zu behaupten – vor allem, sofern man sich aufmachen möchte, mit Franz Kafka im Kopf (und mit Klaus Wagenbachs Reiselesebuch *Kafkas Prag* in der Jackentasche) durch Prag zu gehen und besser zu verstehen, was diesen einzigartigen Schriftsteller mit seiner Heimatstadt verband.

Franz Kafka, 1883 geboren, zählt zu den rätselhaftesten Autoren der Moderne. Sein Leben ist dank der dreibändigen Biografie Reiner Stachs mustergültig erforscht. Unzählige literaturwissenschaftliche Studien und Editionen sind seinem – nicht sehr umfangreichen – Werk auf den Leib gerückt, und Generationen von Schülern wurden mit Texten wie *Die Verwandlung*, *Auf der Galerie* oder *Das Schloss* konfrontiert. Dennoch haben diese nichts von ihrer Magie verloren, sind sie ein Schlüssel zur existenziellen Verlorenheit nicht nur des frühen 20. Jahrhunderts geblieben. Kafka hat fast sein ganzes, sein kurzes Leben in Prag verbracht. Er hat die Stadt geliebt, und er hat unter ihr gelitten. 1910 schreibt er an Oskar Pollak: »Prag lässt nicht los. Dieses Mütterchen hat Krallen ... An zwei Seiten müssten wir es anzünden, am Vyšehrad und am Hradschin.«

Kafkas Eltern, der Kaufmann Hermann Kafka und seine Ehefrau Julie geborene Löwy, gehörten zur deutschsprachigen Minderheit in Prag. Viele Tschechen waren in den Jahren zuvor zugewandert; die Prager Deutschen, von denen die meisten Juden waren, lebten in der Altstadt und bestimmten als Großbürger das kulturelle Leben, obwohl sie kein Zehntel der Gesamtbevölkerung ausmachten. In dieser politisch und ideologisch zerrissenen Stadt wuchs Kafka auf. Technischer Fortschritt und Modernisierung hatten in seinen Jugendjahren um sich gegriffen. Tramways und Automobile fuhren plötzlich durch Prag; Seilbahnen und Kinos (die Kafka liebend gern aufsuchte) nahmen ihren Betrieb auf, und viele Altbauten, nicht zuletzt im jüdischen Ghetto am Rand der Innenstadt, wurden geschleift. Beschaulich darf man dieses Prag der Jahrhundertwende nicht nennen, und doch

Kafka hat die Stadt geliebt,
und er hat unter ihr gelitten.

stellen wir es uns gern als einen ruhigen Stadtbezirk vor, den der leidenschaftliche Spaziergänger Kafka durchschritt, allein oder mit Freunden.

Viele von den Wohnhäusern der Kafkas haben sich erhalten, doch da sie sich fast alle im Altstadtzentrum oder in dessen Nähe befinden, ist die Kraft der Imagination gefordert, um sich inmitten der touristischen Belagerung und der heutigen Nutzung Kafkas Lebenswelt vorzustellen. Die mehrfachen Wohnungswechsel der Eltern hatten oft mit ihrem wachsenden Wohlstand zu tun. Der impulsive, seinem Sohn verständnislos gegenüberstehende Vater Hermann Kafka (durch den *Brief an den Vater*, den der Adressat selbst nie zu Gesicht bekam, zu einer berühmt-berüchtigten literarischen Größe geworden) brachte es zu Ansehen, das sich in der Lebenskultur zu spiegeln hatte.

Hermann Kafka war ein erfolgreicher Geschäftsmann, der 1882 eine Galanteriewarenhandlung eröffnete. Zuerst führte er sie als Gassengeschäft, ehe er zum En-gros-Anbieter wurde. Vom Altstädter Ring abzweigend, findet man gleich zwei der Standorte: zuerst im Haus Zu den drei Königen (Zeltnergasse/Celetná 3), wohin Hermann Kafka 1887 übersiedelte und wo die Familie selbst von 1892 bis 1907 den zweiten Stock bewohnte. Die Erzieherin Anna Pouzerová, die 1902 in die Dienste eintrat, erinnerte sich an den knapp 20-jährigen Kafka als an einen großen, schlanken Mann »von ernster Natur«, der ihr im Gegensatz zu seinem aufbrausenden, »strengen« Vater mit ausgesuchter Höflichkeit gegenübertrat und mit »ruhiger, leiser Stimme« sprach. Und er verfügte – keine Selbstverständlichkeit damals – über ein eigenes Zimmer: »Neben der Tür stand der Schreibtisch, auf ihm lag das ›Römische Recht‹ in zwei Bänden. Gegenüber beim Fenster war ein Kasten, davor ein Fahrrad, dann das Bett, daneben ein Nachtkästchen, bei der Tür ein Bücherregal und ein Waschtisch.« Hier schrieb Kafka seine ersten Texte; fast alle davon hat er vernichtet.

Von der schweren Holzpforte in der Zeltnergasse 3, die von zwei ovalen Fenstern eingerahmt wird, sind es nur wenige Schritte zur Nummer 12. In diesem Haus betrieb Hermann Kafka, der inzwischen überdies als »Sachverständiger des k.k. Landes- als Strafgerichtes« firmierte, seit 1906 seinen Großhandel für »Galanterie-, Kurz- und Wirkwaren«, zu denen auch mährische Pantoffeln und Schweizer Stickereien gehörten. Noch nobler ging es ab 1912 zu, als er sein Geschäft an den Altstädter Ring, ins Palais Kinský verlegte – das im Hinterhaus das Gymnasium seines Sohnes beherbergt hatte. Der Kaufmann Kafka hatte es zu

»Der junge Herr war groß, schlank, von ernster Natur, wenig gesprächig.«

ERZIEHERIN ANNA POUZEROVÁ ÜBER KAFKA

etwas gebracht und legte Wert darauf, dass sein Sohn eine ordentliche Profession ergriff. Zum Geschäftsmann taugte er partout nicht, und so legte er ein rechts- und staatswissenschaftliches Studium ab, promovierte 1903 zum Doktor der Rechte, trat kurz darauf als Aushilfe in die Versicherungsgesellschaft Assicurazioni Generali am Wenzelsplatz ein und wechselte im Sommer 1908 zur »Arbeiter-Unfall-Versicherungs-Anstalt für das Königreich Böhmen«, wo er bis zu seiner vorzeitigen Pensionierung 1922 tätig war.

Er galt als beliebter und kompetenter Mitarbeiter. Heute ist in dem Gebäude, Na Poříčí 7, das Hotel MGallery by Sofitel untergebracht, und natürlich wissen die Marketingverantwortlichen genau, wer hier vor einhundert Jahren Firmeneinsprüche bearbeitete oder sich um Unfallschutz kümmerte. Die Speisekarte des Hotels zeugt davon: »Being inspired by Kafka's life, we named type of our menus after his professional achievements at this very building.« Eine Kafka-Büste begrüßt die Gäste in der Lobby, die Zeit an der Bar kann man sich mit Kafka-Lektüre vertreiben, und natürlich gibt es eine nach ihm benannte Suite, in der sich sein einstiges Büro befunden haben soll.

Ja, Prag weiß, was es seinem größten Dichter zu verdanken hat, und es mangelt nicht an Devotionalienshops oder Gedenkstätten. So betreibt die Prager Franz-Kafka-Gesellschaft an ihrem Sitz in der Široká 14 seit 2007 eine gut sortierte Buchhandlung. Der langgezogene Raum ist arm an Tageslicht und soll an eine Höhle erinnern, in der »man sich vor der Welt verstecken und in Bücher

Oben: Kafka im Hotel MGallery

vertiefen kann«. Es hat offensichtlich mit der Atmosphäre in Kafkas Werken zu tun, dass diese selten zu heiteren Assoziationen und Darstellungen verleiten. Am einfallslosesten präsentiert man Kafka ausgerechnet in dem nach ihm benannten Museum. Dieses tut sich auf, wenn man die Moldau auf der Karlsbrücke Richtung Kleinseite überquert und in der Cihelná zur Hausnummer 635/2b weitergeht.

Seit 2005 ist das Museum im Gebäude der Herget-Ziegelei untergebracht. Vor seinem Eingang steht ein albernes Kunstwerk des tschechischen Künstlers David Černý. Es heißt *Piss* und zeigt zwei Männerstatuen aus Bronze, die in ein Wasserbecken mit den Umrissen Tschechiens pinkeln. Das Museum selbst hat nicht viel zu bieten. Es ist in bewusst düsteres Licht getaucht; Musik plätschert im Hintergrund. Lohnende Ausstellungsobjekte gibt es kaum; stattdessen bemühen sich die Macher in metaphernreichen Worten, einen »Existenz-Raum« und eine »Imaginäre Topografie« zu präsentieren. Klüger verlässt man das Museum nicht, und leider bietet der gegenüberliegende Shop zwar Kühlschrankmagneten und Streichhölzer mit Kafkas Konterfei, aber nur ein spärliches Angebot an Primär- und Sekundärliteratur.

Origineller hingegen ist – wir sind wieder am anderen Moldauufer nahe des Altstädter Rings angelangt – das zwischen der Heiligen-Geist-Kirche und der Spanischen Synagoge platzierte Kafka-Denkmal. Anfangs hoch umstritten, ist es zu einer Attraktion geworden, und kaum ein Tourist auf Kafkas Spuren mag darauf verzichten, sich vor Jaroslav Rónas fast vier Meter hohen, 700 Kilogramm schweren Statue ablichten zu lassen. 2003 enthüllt, zeigt sie nicht irgendeine der sattsam bekannten Ansichten des traurigen, dunkel gewandeten Dichters. Róna hat einen anderen Weg beschritten, um Kafkas »Zwiespaltigkeit« einzufangen, und sich von der Erzählung *Beschreibung eines Kampfes* anregen lassen, genauer gesagt von dieser Passage: »Schon sprang ich mit ungewohnter Geschicklichkeit meinem Bekannten auf die Schultern und brachte ihn dadurch, dass ich meine Fäuste in seinen Rücken stieß in einen leichten Trab.« Das Denkmal zeigt einen gut wiedererkennbaren Kafka mit Hut auf den Schultern eines kopf- und armlosen Mannes. Der Künstler selbst beschrieb seine Intention so: »Ich bin zu der Auffassung gekommen, dass die Statue eine gewisse innere Spaltung Kafkas widerspiegeln soll. Deshalb bin ich von zwei Figuren ausgegangen und habe danach gesucht, wie ich ihre Beziehung zueinander am deutlichsten charakterisieren sollte.«

Viel noch gibt es von Kafka in Prag zu entdecken, die Familienwohnungen zum Beispiel im Haus Minuta, im Oppelthaus oder im Neubau Zum Schiff (Niklasstraße/Pařížská 36), wo ein Fahrstuhl frühen Wohlstand symbolisierte (und sich heute das Hotel Praha-Intercontinental befindet). Oder man sieht sich in der Bilekgasse/Bílkova 10 um, wo sich Kafka 1914 sein erstes eigenes Zimmer nahm. Im Haus Zum Schiff schrieb Kafka zwei seiner berühmtesten Texte, *Die Verwandlung* und *Das Urteil*. Letzteren binnen einer Nacht, vom 22. auf den 23. September 1912, bis er um sechs Uhr morgens zum Ende kam und das Geschriebene seinen Schwestern vorlas: »Die vom Sitzen steif gewordenen Beine konnte ich kaum unter dem Schreibtisch hervorziehn. Die fürchterliche Anstrengung und Freude, wie sich die Geschichte vor mir entwickelte, wie ich in einem Gewässer vorwärtskam. Mehrmals in dieser Nacht trug ich mein Gewicht auf dem Rücken.« Von Zum Schiff ist es übrigens – über die Čech-Brücke – nicht weit bis zur »Civilschwimmschule«, die Kafka oft frequentierte und die er in einem vielzitierten Tagebucheintrag unter dem Datum des 2. August 1914 erwähnte: »Deutschland hat Russland den Krieg erklärt. – Nachmittag Schwimmschule.«

So intensiv und erfolgreich sich der Jurist Kafka in Versicherungsschriftstücke vertiefte, so deutlich wurde ihm, dass die Bürotätigkeit, der »Schrecken«, ihn vom Schreiben abhielt. Früh schon suchte er Ausgleich, besuchte Theater und Kinos und schloss sich der sehr lebendigen Szene der deutschsprachigen Autoren in Prag an. Zu seinen Weggefährten zählten unter anderen Franz Werfel, Ludwig Winder, Willy Haas, Milena Jesenská, Egon Erwin Kisch und natürlich Max Brod, der als Nachlassverwalter Kafkas letzten Willen, seine literarischen Aufzeichnungen

Links unten: Im Café Louvre
Rechts unten: Böhmische Liwanzen

»Dann mit Kafka im Café Louvre,
lesen wir Laforgue. Schöne sanfte Stunden,
in denen ich mich wirklich ganz gesichert fühle.«
TAGEBUCHEINTRAG VON MAX BROD

Julius Meinl
café Louvre

zu vernichten, erfreulicherweise missachtete. Der Postbeamte Brod und der Versicherungsangestellte Kafka verbrachten viel Zeit miteinander und tauschten sich in künstlerischen Dingen aus. Brods Wohnhaus steht in der Schalengasse/Skořepka 1. Dort traf Kafka 1912 seine spätere Verlobte Felice Bauer.

Manche der Cafés, in denen sich Kafka und die Seinen trafen, sind erhalten geblieben, etwa das Café Arco in der Hibernergasse/Hybernská 16, oder das prachtvoll-großzügige Café Louvre (Národní 22), mit dem sich selbst nur wenige Wiener Kaffeehäuser messen können. Die Studenten Kafka und Brod verbrachten »schöne, sanfte Stunden« im Louvre, das 1902 eröffnet worden war und wegen seiner Konzerte und exquisiten Billardtische schnell Berühmtheit erlangte. Es lohnt sich immer noch, die dunklen Treppen hinaufzusteigen, sich ins Getümmel des Cafés zu stürzen und Zeitung lesend bei Apfelstrudel oder Blaubeerkuchen den Nachmittag zu verbringen. Auch Albert Einstein verkehrte übrigens im Louvre.

Und sonst? Kein Weg vorbei führt vorbei an Kafkas Geburtshaus am Náměstí Franze Kafky 3, das 1897 allerdings derart niederbrannte, dass nur das Hauptportal und die Balkonbrüstung beim Wiederaufbau erhalten blieben. Blickfang des Hauses, wo die Familie bis 1885 lebte, ist eine an der Gebäudeaußenseite angebrachte Gedenktafel von Karel Hladík. Die Büste zeigt ungewöhnlicherweise Kafkas Seitenprofil.

Und ausgeschlossen ist es, das Goldene Gässchen (auch als Alchimistengässchen bekannt) zu ignorieren, sofern es einem gelingt, im Schneckentempo zwischen den Leinwänden der Porträtmaler und den hochgereckten Selfiestangen über die – wäre sie nur nicht so überfüllt – herrliche Karlsbrücke zur Prager Burg zu gelangen. Wer die Leibes- und Taschenvisitationen überstanden hat, drängt in das Goldene Gässchen mit seinen elf im 16. Jahrhundert erbauten Häuschen. Tagsüber gilt es Eintritt zu entrichten, ehe man wie in der Pariser Metro ein Durchkreuz zu überwinden hat. Bewohnt sind sie längst nicht mehr, und stünde es nicht schwarz auf weiß geschrieben, würde man kaum glauben, dass sich Franz Kafka hierher, ins Haus Nummer 22, zurückzog, um an seinen Erzählungen des Bandes *Ein Landarzt* zu schreiben.

Mit seiner Schwester Ottla hatte er im Sommer 1916 Ausschau nach einer Rückzugsklause gehalten und war überraschend im Goldenen Gässchen fündig geworden. Obwohl das Haus ihm zuerst »so klein, so schmutzig, so unbewohnbar« erschienen war, sprangen ihm bald die Vorzüge der 15-qm^2-Behausung ins

Auge: »Heute entspricht es mir ganz und gar. In allem: der schöne Weg hinauf, die Stille dort, von einem Nachbar trennt mich nur eine sehr dünne Wand, aber der Nachbar ist still genug; ich trage mir das Abendessen hinauf und bin dort meistens bis Mitternacht; dann der Vorzug des Weges nach Hause: ich muss mich entschließen aufzuhören, ich habe dann den Weg, der mir den Kopf kühlt. Und das Leben dort: es ist etwas Besonderes, sein Haus zu haben, hinter der Welt die Tür nicht des Zimmers, nicht der Wohnung, sondern gleich des Hauses abzusperren.« Kafka genoss die Abgeschiedenheit, wenngleich das feuchte Häuschen nicht zum Übernachten geeignet war. Ein Jahr lang etwa nutzte er es, bis ihm das Mietverhältnis gekündigt wurde. Stille findet man tagsüber keine im Goldenen Gässchen, doch am Abend, wenn die Touristen erschöpft in die Gasthäuser einkehren, lässt sich nachempfinden, wie sich Kafka nächstens nach getaner Schreibarbeit auf den Heimweg machte.

Wem selbst das zu viel des Treibens ist, der macht sich am besten zum Neuen Jüdischen Friedhof (Izraelská 712/1, direkt an der Metrostation Želivského) im Prager Bezirk Strašnice (Straschnitz) auf, wo Kafka begraben ist. In seinen letzten Jahren hatte sich sein Gesundheitszustand zusehends verschlechtert. Am 3. Juli starb er, vierzigjährig, im Sanatorium Kierling bei Klosterneuburg qualvoll an Kehlkopftuberkulose; gut eine Woche später fand die Beerdigung in Prag statt.

Gleich am Friedhofseingang weist ein Schild nach rechts zur letzten Ruhestätte von »Dr. Franz Kafka«. Gut 250 Meter lang ist der Weg an der Friedhofsmauer entlang, vorbei an Gedenktafeln, die an den Prager Schriftsteller Paul

Kornfeld oder den Freund Max Brod erinnern, und selbst vor dem Grabstein, der, entworfen von dem Architekten Leopold Ehrmann, die Form eines sechsseitigen Kristalls hat, drängen sich die Menschen nicht. Eine hebräische Inschrift preist den »prachtvollen, unvermählten Mann«. 1931 bzw. 1934 wurden auch seine Eltern hier beigesetzt. Eine Tafel am Fuß des Grabsteins gedenkt der drei Schwestern Kafkas, die 1942/43 in Konzentrationslagern umkamen. Blumengaben, beschriebene Notizzettel, Kerzen und Kieselsteine verraten, dass Freunde und Verehrer Kafkas bis heute dieses schattige Grab aufsuchen. Und ja, es geht von diesem Ort, von diesem Friedhof eine beglückende Ruhe aus. Kaum ein Friedhofsgänger ist zu sehen, allenfalls ein paar Arbeiter, die einen Fußweg ausbessern. Gibt es wirklich einen Grund, in den Trubel des Altstädter Rings zurückzufahren?

EMPFEHLUNG:
Wo wohnen in Prag? An Unterkünften aller Preisklassen mangelt es nicht, und wer nicht die Suite im MGallery buchen möchte, nimmt – wie ich es auf Anraten des Kafka-Biografen Reiner Stach tat – Quartier im ruhigen Hotel Maximilian (Haštalská 752/14). Modern eingerichtet ist es, ganz ohne kafkaeske Bezüge, und die Betreiber zeigen ein Herz für Reisende, die sich einsam fühlen. Wer sein Haustier vermisst, kann sich an der Rezeption ein Glas mit Goldfisch ausleihen, denn: »Studies have proven that watching a goldfish swim reduces stress and tension«.

ZUM WEITERLESEN:
Gérard-Georges Lemaire/Hélène Moulonguet: *Auf den Spuren von Franz Kafka in Prag.* – Harald Salfellner: *Franz Kafka und Prag. Ein literarischer Wegweiser.* – Reiner Stach: *Kafka von Tag zu Tag.* – Klaus Wagenbach: *Kafkas Prag. Ein Reiselesebuch.*

Links: Jaroslav Ronas' Kafka-Denkmal

FRANZ KAFKA

MIRADOURO SANTA LUZIA BAR RESTAURANTE

GESTOCHEN SCHARF VOR STRAHLEND BLAUEM HIMMEL

FERNANDO PESSOA UND LISSABON

CASA HAVANEZA
SINCE 1864
ESCULTOR LAGOA HENRIQUES

Wollte man der klassischen modernen, um 1900 einsetzenden Literatur mit Schlagworten beikommen, fielen einem rasch Vokabeln wie »Identitätskrise« oder »Sprachskepsis« ein, würde man Arthur Rimbauds Satz »Ich ist ein anderer« zitieren und irgendwann darauf hinweisen, dass viele große Werke des 20. Jahrhunderts unvollendet, Fragment blieben. Kaum einer vereint all diese Elemente so in sich wie Fernando Pessoa, Portugals bedeutendster Dichter der Moderne – wenngleich es lange, bis in die 1980er-Jahre, dauerte, bis sein Werk im deutschsprachigen Raum ankam und vom Zürcher Ammann Verlag mustergültig ediert wurde, in Übersetzungen von Georg Rudolf Lind und Inés Koebel.

Zu Lebzeiten – Pessoa starb 1935 im Alter von siebenundvierzig Jahren – veröffentlichte er lediglich ein Buch, den Gedichtband *Mensagem*, und er war nur Eingeweihten ein Begriff. In seinem Nachlass, in einer überquellenden Truhe, freilich fanden sich über 24.000 Fragmente, die bis heute nicht gänzlich erschlossen sind, darunter sein Prosahauptwerk *Das Buch der Unruhe des Hilfsbuchhalters Bernardo Soares*, ein »work in progress«, dessen von Richard Zenith herausgegebene revidierte Ausgabe 1998 auf Portugiesisch und 2003 auf Deutsch erschien.

Was die Zerrissenheit des Ichs angeht, dieses Nicht-mehr-definieren-Können der eigenen Identität, hat Pessoa dieses Dilemma bis zur letzten Konsequenz vorangetrieben. »Ich fühle mich vielfältig. Ich bin wie ein Zimmer mit unzähligen, wundersamen Spiegeln, die eine einzige zentrale Wirklichkeit falsch und verzerrt reflektieren, eine Wirklichkeit, die sich in allem und in keinem dieser Spiegel findet« – eine der vielen Sätze Pessoas, die um die Aufspaltung des Ichs kreisen. Literarisch hat er diesen Zustand ernster als die meisten seiner Kollegen genommen und 1914 begonnen, sein Schreiben auf mehrere Personen zu verteilen. Pessoa beließ es nicht dabei – wie etwa Kurt Tucholsky –, seine Texte unter Pseudonymen zu schreiben, nein, er erfand rund siebzig »Heteronyme«, die er zum Teil mit selbstständigen Biografien und Physiognomien ausstattete und deren Arbeiten sich stilistisch und thematisch deutlich voneinander absetzten. Drei solcher Heteronyme vor allem sind es, die maßgeblich nachgewirkt haben, in den Worten seines Schweizer Verlegers Egon Ammann: der »bukolische Meister Alberto Caeiro, der gelehrte Arzt und Oden-Dichter Ricardo Reis und Álvaro de Campos, der in die Ingenieurskunst verliebte Moderne«. Der unruhige Buchhalter Soares zählt hingegen nur zu den »Halbheteronymen«, weil »seine Persönlichkeit nicht

Links: Pessoa, der ewige Café-Besucher

die meinige ist, doch nicht von ihr verschieden, wohl aber eine einfache Verstümmelung von ihr ist. Ich bin es, minus die Vernunftüberlegung und die Gefühlserregbarkeit.«

Fernando Pessoas Biografie selbst gab weit weniger her als die seiner von ihm erfundenen Kollegen. 1888 in Lissabon geboren, hatte er als Fünfjähriger den Tod seines Vaters zu verkraften. Nachdem seine Mutter zwei Jahre später einen Konsul geheiratet hatte, zog man ins südafrikanische Durban, wo er bis zu seinem siebzehnten Lebensjahr blieb. Schließlich kehrte er nach Lissabon zurück, blieb mit seiner Geburtsstadt aufs Engste verwoben und schwor allem Sich-Entfernen ab: »Was ist reisen, und wozu dient es? Jeder Sonnenuntergang ist ein Sonnenuntergang, um ihn zu sehen, muss man nicht nach Konstantinopel. Und das Gefühl der Befreiung, das vom Reisen ausgeht? Das kann ich ebenso haben, wenn ich von Lissabon nach Benfica, in die Vorstadt, fahre.«

Pessoas Leben in Lissabon verläuft unspektakulär. Ein Studium schließt er nicht ab, er verdingt sich als Handelskorrespondent, unterbricht seine Arbeit, um Brandy zu trinken, und führt ein Doppelleben – wie es sein Bewunderer und italienischer Kollege Antonio Tabucchi beschrieben hat: »Kaum ist der Angestellte Fernando Pessoa nach seinem Bürotag nach Hause gekommen und hat die

Ärmelschoner des Schreibers abgestreift, geht eine Verwandlung mit ihm vor. Und er erfindet die portugiesische Avantgarde, beziehungsweise mehrere avantgardistische Strömungen.«

Pessoa ist ein einsamer Mann, der mit seinen Heteronymen Umgang pflegt, wie sein Pendant Bernardo Soares durch die Straßen streift, jedes Detail betrachtet und Stammgast in vielen Cafés ist. Fotografien zeigen ihn als ernsten, um Unauffälligkeit bemühten Mann, korrekt gekleidet mit Mantel, Fliege, Hut, Bärtchen und ovaler Brille. Und mit der obligatorischen Zigarette wie auf dem Gemälde seines Freundes José Sobral de Almada Negreiros aus dem Jahr 1954. Der rauchende, dem Alkohol zugeneigte Pessoa – dieses Bild hat nachgewirkt, und so sind es heute zwei Cafés, die zu den beliebtesten Anlaufstellen für seine Verehrer wurden.

Das ist einmal das Café A Brasileira im Chiado-Viertel in der Oberstadt (Rua Garrett 120), das Anfang des 20. Jahrhunderts seine Tore öffnete und längst unter Denkmalschutz steht. Im Sommer macht man es sich auf den Stühlen vor dem Lokal bequem, trinkt den unverzichtbaren Bica, die portugiesische Espresso-Variante, und betrachtet einen berühmten, sehr schweigsamen Gast: Lagoa Henriques' 1988 eingeweihte Bronzestatue des Kaffeehausbesuchers Pessoa. Er hat die Beine übereinander geschlagen, die linke Hand ruht auf einem Tischchen, die rechte ist ausgestreckt, als wolle der Dichter zu weitschweifigen Erklärungen ansetzen.

Es gehört zu den Paradoxien der postumen Verehrung von Autoren, dass diese sich gegen keine noch so peinlich demonstrierte Zuneigung wehren können. Die Pessoa-Statue erregt Aufmerksamkeit, ist ein Treffpunkt für Reisende, die den Porträtierten tätscheln, sich zu ihm setzen umgehend ihr Smartphone zücken und wohl noch keine Zeile von seiner Dichtung gelesen haben. Wetter und Zuneigungsbekundungen haben ihre Spuren an Henriques' populärstem Werk hinterlassen. Die zarten Spuren des Verfalls immerhin passen gut zu Fernando Pessoa.

Dezenter erinnert ein anderes Lissabonner Lokal, das nicht minder stolz auf seinen Stammgast ist, an den Dichter. Vom Chiado geht man hinunter in die Baixa, die Unterstadt, Richtung Tejo und Praça do Comércio, in deren Mitte die mächtige Reiterstatue Königs José I. alle Blicke auf sich zieht. An der Ecke des Handelsplatzes, von der die Rua Prata abzweigt, befindet sich das Café-Restaurant Martinho da Arcada. Seine Geschichte reicht bis in das Jahr 1782 zurück,

Pessoa ist ein einsamer Mann, der durch die Straßen streift, jedes Detail betrachtet und Stammgast in vielen Cafés ist.

LARGO
PORTAS
SOL
558
ENTRADA
carris

und seit jeher galt es als Treffpunkt für Künstler, Intellektuelle, Geschäftsleute und Politiker. Wenige Tage vor seinem Tod soll Fernando Pessoa dort noch Kaffee getrunken haben, und als würde man unverdrossen an die Wiederkehr seines Gastes glauben, hält man im Martinho da Arcada einen Tisch für ihn frei. Gewiss, an mehreren Ecken hat man kleine Fluchtinseln geschaffen, die an regelmäßige Besucher wie Nobelpreisträger José Saramago (Autor des Romans *Der letzte Tag des Ricardo Reis*) oder Filmemacher Manoel de Oliveira erinnern, doch die Hauptattraktion ist fraglos das Pessoa-Marmortischchen: eine Tasse, ein Wasserglas, eine Zuckerschale, zwei, drei Bücher – mehr braucht es nicht, um die Präsenz eines Abwesenden zu spüren. Des Essens wegen kehrt man nicht im Martinho da Arcada ein, der Ruhm legendärer Cafés basiert auf anderen Qualitäten.

Bequem lässt es sich von der Baixa, die nach dem Erdbeben von 1755 komplett neu erbaut wurde, zum Chiado schlendern – oder man legt die kurzen Wege mit der vielbesungenen Straßenbahn, der Elektrischen, zurück. Sechs Linien mit einem Streckennetz von rund dreißig Kilometern sind aktuell in Betrieb, und es ist nahezu touristische Pflicht, sich in die engen gelben Wagen zu zwängen und rumpelnd durch die manchmal sehr schmalen Gassen zu lavieren. Langsam bewegt sich das Gefährt durch Lissabon, und die Hektik, unter der Pessoa zu seiner Zeit litt, hat sich verflüchtigt. Die Elektrische ist inzwischen zum Symbol der Gemächlichkeit geworden.

Parallel zur Rua da Prata verläuft die Rua dos Douradores, in der sich das Berufsleben seiner Buchhalterfigur Soares weitgehend abspielt. Hier arbeitet er im Bürokontor von Vasques & Co., schlendert durch die Gassen und geht zu Tisch. Das Restaurante Pessoa (das nur zufällig wie Soares' Erfinder hieß) in der Rua dos Douradores gibt es nicht mehr. Stattdessen besteht aber seit einiger Zeit die Möglichkeit, im Lisboa Pessoa Hotel (Rua da Oliveira ao Carmo 8) zu nächtigen. Inspiriert von Leben und Werk des Dichters, enthält es eine über 700 Titel umfassende Bibliothek, mit einer Vielzahl von Pessoa-Ausgaben und Übersetzungen. Das Hotelrestaurant ist nach seiner einzigen Buchveröffentlichung zu Lebzeiten, *Mensagem*, benannt.

Ein paar Schritte sind es von der Rua dos Douradores bis zur Rua da Assunção 42, wo das Gebäude der Firma Félix, Valladas & Freitas steht, einer von Pessoas Arbeitsplätzen. Eine Plakette weist darauf hin, dass er 1919 hier die wohl einzige Liebe seines Lebens, die damals 19-jährige Sekretärin Ophelia Queiroz,

Hier kann man die Präsenz eines Abwesenden spüren.

kennenlernte. Von Dauer war die Beziehung der beiden – natürlich, möchte man fast sagen – nicht, doch sie entlockte dem depressiven, vereinsamten Dichter erstaunliche, glutvolle Briefe.

Geboren wurde Pessoa in der westlichen Oberstadt des Chiado, am Largo de São Carlos in der Nähe des Cafés A Brasileira. Viel hat sich seit dem frühen 20. Jahrhundert hier verändert, vor allem durch den katastrophalen Brand im Jahr 1988. Vor dem Geburtshaus, in dessen Erdgeschoss der belgische Chocolatier Godiva eine Filiale betreibt, steht eine überlebensgroße Bronzestatue, deren Kopf von einem aufgeschlagenen Buch verdeckt ist – eine plakative Symbolik, auf die sich jeder rasch einen Reim machen kann. Lohnend ist noch der Weg zum nahegelegenen Largo do Carmo, einem kleinen, lebendigen Platz, gelegen an den Ruinen eines ehemaligen Kapuzinerklosters, des Convento do Carmo. Er spielte 1974 beim unblutigen Ende der Nelkenrevolution eine wichtige Rolle, als sich Ministerpräsident Caetano im Hauptquartier der Nationalgarde verschanzen wollte. Fernando Pessoa hätte einen guten Blick auf die historisch einschneidenden Ereignisse gehabt, vom ersten Stock seiner Wohnung im Haus Nummer 18. 1911 lebte er dort, und in den Fenstern des ersten Stocks ist sein Schattenriss zu sehen.

Bis ins Jahr 1920 wechselte Pessoa mehrmals die Wohnung, bis er – als seine Mutter und seine Geschwister Südafrika für immer den Rücken kehrten und nach Lissabon zurückkamen – eine dauerhafte Bleibe fand. Gemeinsam zog man in die

Oben: Vor dem Geburtshaus

Rua Coelho da Rocha 16; dort wohnte Fernando Pessoa bis zu seinem Tod. Das Haus im Stadtteil Campo de Ourique erreicht man mühelos mit der Elektrischen; es beherbergt seit 1993 die Casa Fernando Pessoa, ein Museum und ein Haus der Poesie mit einer üppig bestückten Bibliothek. Auf allen Etagen ist der Dichter präsent, mit einer Multimediashow und einer Ausstellung aller möglichen Devotionalien: Bett, Schreibmaschine, Brille, Hut, Pass, Briefe und ein Zeugnis der High School in Durban (English: very good). Ein Porträt des spanischen Malers Adolfo Rodríguez Castañé zeigt den Dichter als soignierten Gentleman. Im dritten Stock ist Patti Smith zu hören, wie sie Pessoas, nein, Alvaro do Campos' Ode *Gruß an Walt Whitman* rezitiert. *Das Buch der Unruhe* hat die Musikerin als eines ihrer Lieblingsbücher bezeichnet. Im Erdgeschoss sind Pessoa-Übersetzungen in über dreißig Sprachen erhältlich.

In diesem Haus starb Pessoa am 30. November 1935. Fünfzig Jahre später wurden seine Überreste ins Hieronymus-Kloster im Stadtteil Belém verbracht.

Oben: Hieronymus-Kloster

Mit der Elektrischen hat man es von der Praça do Comércio aus in gut zwanzig Minuten erreicht. In Stoßzeiten braucht es Geduld, bis man zu Pessoas in einem Kreuzgang gelegenes Grabmal gelangt. Auf einer Stele finden sich Verse seiner Abspaltungen Alberto Caeiro, Ricardo Reis und Álvaro do Campos; von Pessoa selbst ist nichts zu lesen. Campos' Grabmalzeilen lauten auf Deutsch: »Nein: ich will nichts. / Ich sagte bereits, dass ich nichts will. / Kommt mir nur nicht mit Schlussfolgerungen! / Die einzige Schlussfolgerung ist der Tod.«

Wenn man sich auf die unterschiedlichsten Zeugnisse dieses eigenwilligen Dichters einlässt, wenn man gar nicht anders kann, als immer wieder in seinem grandiosen *Buch der Unruhe* zu lesen, und weiß, dass man Sätze wie »Wenn das Herz denken könnte, stünde es still« nie vergessen wird, dann blättert man umso verblüffter in einem schlanken Cicerone Pessoas, in seinem *Mein Lissabon. Was der Reisende sehen sollte*. Verfasst wurde es 1925, erstmals veröffentlicht 1992. Pessoa hat es auf Englisch geschrieben, und vermutlich brauchte es dieses Ausweichmanöver, um eine kaum getrübte Hymne auf seine Geburtsstadt zu wagen. Nicht allen topografischen Angaben des Büchleins sollte man buchstäblich über den Weg trauen, doch der Begeisterung, mit der man diese begeisterte Stadtbeschreibung liest, tut das keinen Abbruch: »Über sieben Hügeln, denen genauso viele Aussichtspunkte entsprechen und von denen man das wunderbarste Panorama genießen kann, liegt die riesige, unregelmäßig bunte Häusermasse zerstreut, die Lissabon bildet. Für den Reisenden, der sich auf dem Seeweg nähert, erhebt sich Lissabon, selbst von weither, wie ein schönes Traumgesicht, gestochen scharf steht es vor einem strahlend blauen Himmel, den die Sonne mit ihrem Gold erheitert.«

»Was ist reisen, und wozu dient es?
Jeder Sonnenuntergang ist ein
Sonnenuntergang, um ihn zu sehen,
muss man nicht nach Konstantinopel.«

Aus: Fernando Pessoa: *Buch der Unruhe des Hilfsbuchhalters Bernardo Soares.*

EMPFEHLUNG:

Nein, man muss nicht unbedingt portugiesische Spezialitäten zu sich nehmen, nur weil man sich in Lissabon aufhält. Manchmal tut es gut, sich überraschen zu lassen – und beispielsweise im nicht weit vom Café A Brasileira entfernten, sehr österreichisch angehauchten »Kaffeehaus« einzukehren, in der Rua Anchieta 3. Zwar schlägt man sehr wohl Brücken zur Esskultur Portugals, doch vornehmlich geht es darum, tschechisches oder bayerisches Bier zu trinken und Käsekrainer (eigens importiert!), Backhendl oder Mehlspeisen zu verzehren. Lassen sich nicht von Fernando Pessoa aus leicht Verbindungen zu Hugo von Hofmannsthal und Arthur Schnitzler herstellen?

ZUM WEITERLESEN:

Werner Herzog: *Lissabon. Literarische Streifzüge durch die Stadt.* – Fernando Pessoa: *»O Lissabon, du meine Heimstatt«. Der Dichter als Flaneur.* – Sabine Scholl: *Lissabonner Impressionen. Literarische Streifzüge.* – Antonio Tabucchi: *Wer war Fernando Pessoa?.*

Rechts: Fassade des Casa Fernando Pessoa

SSOA
PESSO
que não eles.
De rosas, inda que de fals
to atroz do fim
viz ínscia. É en
que em eles pen
a. que não eles
da que de falsa
s. Nada e só é
ado, e por mise
e nem vão senti
é vida, sábio é
diferença a me
Do homem da dos brutos! Sus! Leixai
Viver os moribundos!
SSOA
PESSO
em vão sentido.
Se a ciênci
16
fim certeiro
entrudo e rien
pensa e sente

HOTEL
ELYSEE
UNION

ZWEI BLAUE KANDELABER

MARCEL PROUST UND PARIS

ICI NAQUIT
MARCEL PROUST
LE 10 JUILLET 1871

Marcel Proust (1871–1922) hat den Großteil seines Lebens in Paris verbracht, und obwohl er gelegentlich mit dem Gedanken spielte, anderswo Wurzeln zu schlagen, gilt er als »Parisien« schlechthin. Paris war das Zentrum seines Lebens, und dieses Zentrum prägt seinen großen Romanzyklus *Auf der Suche nach der verlorenen Zeit*.

Mühelos lässt sich nachzeichnen, wo Proust und seine Familie lebten und wo es heute, ein Jahrhundert später, möglich ist, auf Überbleibsel dieses Lebens zu stoßen. Prousts Werke verführen dazu, biografische und literarische Angelegenheiten zu vermengen. Das sollte man vermeiden. Ich suche nach Prousts Paris – dem Paris, das sein Leben bestimmte, und dem, das er in seine Bücher einbaute. Wer heute durch Paris geht, um Prousts Wohn- und Lebensorte aufzusuchen oder mit seinen Romanfiguren ein imaginäres Dîner zu erleben, braucht Fantasie. Paris hat sich im Laufe des 20. Jahrhunderts stark verändert. Häuser und Straßen, die Proust beschrieb und durchschritt, sind zerstört oder völlig umgestaltet, und gelegentlich scheint es unmöglich, sich in Prousts Epoche zurückzuversetzen. Ein Spaziergang mit Marcel Proust durch Paris ist folglich auch eine Reise »gegen den Strich«, eine Unternehmung, die den Glauben nähren will, dass die Fassaden, die Oberflächen, nicht die ganze Wirklichkeit abbilden. Der Erinnerungsvirtuose Marcel Proust ist der beste Lehrmeister dafür, die »Essenz der Dinge« zu suchen.

Beginnen wir dort, wo Proust geboren wurde: Auteuil, das 16. Arrondissement im Westen von Paris, ist ein ruhiger Flecken. Wer an einem Sonntag die Metrolinie 10 nimmt und »Église d'Auteuil« aussteigt, trifft auf gepflegte Häuserreihen, die soignierte Schläfrigkeit ausstrahlen und ahnen lassen, dass dieser Bezirk kein Ort für Vergnügungshungrige ist. Im 19. Jahrhundert war Auteuil, das erst 1860 von Paris eingemeindet wurde, ein ganz und gar ländliches Dorf, das betuchte Pariser Familien zu ihrem Zweitwohnsitz erkoren, zu einem Refugium, das von den umfangreichen Umgestaltungen der Pariser Innenstadt kaum beeinträchtigt wurde.

Auch die Prousts hielten es so: Regelmäßig flohen sie vor der Hitze der Pariser Innenstadt, um in Auteuil eine Art vorstädtisches Landleben zu genießen. Im Frühjahr und im Sommer des Jahres zog man sich in ein dreistöckiges Haus in der Rue Jean de la Fontaine 96 zurück, das Louis Weil, einem Onkel mütterlicherseits, gehörte. Weils Haus wurde nach seinem Tod 1897 abgerissen; es bedarf folglich einiger Einbildungskraft des Besuchers, sich heute jenes herrschaftliche Haus

Vorausgehende Seite: Der letzte Wohnort
Links: Das Geburtshaus

Der Erinnerungsvirtuose Marcel Proust ist der beste Lehrmeister dafür, die »Essenz der Dinge« zu suchen.

vorzustellen, das über 29 Fenster und einen Park im englischen Stil verfügte. Eine schlichte Tafel, die im Mai 1971 eingeweiht wurde, hält fest, dass hier einhundert Jahre zuvor, am 10. Juli 1871, das erste Kind des Ehepaares Proust-Weil geboren wurde: Sohn Marcel, anfällig und schwächlich vom ersten Atemzug an, doch vom erfahrenen Vater, einem erfolgreichen Mediziner, sicher ins Leben hinübergeleitet.

Von der Rue Fontaine lässt sich nach Passy schlendern – ein unumgänglicher Fußweg für alle Proustianer. Denn rätselhafterweise befindet sich nicht weit von der Metrostation Passy eine unscheinbare Straße, die ohne jeden Reiz ist und seit 1930 ausgerechnet den Namen »Avenue Marcel Proust« trägt. Weshalb die Sackgasse zu dieser Ehre gekommen ist, erschließt sich nicht. Über knapp zweihundert Meter erstreckt sich die hässliche Avenue Marcel Proust: eine langgezogene Steinmauer, eine breite Kopfsteinpflasterfahrbahn und schmucklose Bürogebäude im Schatten festungsgleicher Wohnblocks, wie man sie früher ungestraft bauen durfte. Einen Blick auf den Eiffelturm kann man hier und da erhaschen und ansonsten darin Trost suchen, dass sich wenige Schritte entfernt, in der Rue Raynouard 47, immerhin das Maison de Balzac befindet.

Der Lebensmittelpunkt der Prousts lag freilich schon zu Marcels Geburt mitten in Paris, im 8. Arrondissement, rund um die Place de la Madeleine. Hier verbrachte er seine Jugend, hier ging er zur Schule und nachmittags auf die Champs-Élysées oder in den Parc Monceau. Hier in der elterlichen Wohnung gab er opulente Empfänge und schrieb seine ersten Prosatexte. Am 1. August 1873 zogen die Prousts um: Man übersiedelte von der Rue Roy in den wenige Schritte entfernten Boulevard Malesherbes, Hausnummer 9. Der Grundriss zeigt ein großzügiges Interieur mit einem langgezogenen Flur, der an den Zimmern der beiden Söhne vorbeiführt. Vater Adrien Proust hatte sich bewusst für ein modernes Haus entschieden, das bereits über die segensreiche Errungenschaft eines Aufzugs verfügte; es gehörte zum »neuen« Paris und lag in einem Quartier, das von Baron Haussmann, dem berühmten und vielgeschmähten Stadtplaner, umgestaltet worden war.

Die Wohnung der Prousts spiegelte das wohlbestallte bürgerliche Leben wider, wie es sich vor der Jahrhundertwende etablierte, und noch heute lässt das wuchtige Haus erahnen, was es bedeutet haben muss, hierherzuziehen. Dennoch befremdete die Inneneinrichtung manchen Besucher. Marcels Freund Fernand Gregh erinnerte sich mit Unbehagen an den Boulevard Malesherbes, wo er

jahrelang ein- und ausging: »Die Erinnerung, die ich daran bewahrt habe und die sofort wiederkehrt, wenn ich die Augen schließe, ist die an ein ziemlich dunkles Wohnungsinnere, vollgestellt mit schweren Möbeln, zugehängt mit Vorhängen und erdrückt von Teppichen.«

Siebenundzwanzig Jahre verbrachte Proust in diesem Haus, und es darf mit Fug und Recht als seine Pariser Ur-Wohnung bezeichnet werden. Vor Nummer 8 Boulevard Malesherbes, auf der anderen Straßenseite, ist noch heute eine »Colonne Morris« zu sehen, jene mit einer grünen Pickelhaube gekrönte Litfaßsäule, deren Plakate Proust die Aussicht auf Theater- und Konzertbesuche verhießen.

Über den Boulevard Haussmann gen Osten gelangt man in wenigen Minuten zur Église Saint-Louis d'Antin in der Rue de Caumartin. Am 5. August 1871 wurde der drei Wochen alte Marcel dort katholisch getauft. Die Kirche ist die ehemalige Kapelle eines Kapuzinerklosters, das Ende des 18. Jahrhunderts errichtet wurde. Das Kloster gehört heute zum Lycée Condorcet (bis Januar 1883: Lycée Fontanes), in das Proust im Oktober 1882 eintrat. Die Schule war von der elterlichen Wohnung bequem zu erreichen und genoss einen liberaleren Ruf als die Konkurrenzinstitute auf der anderen Seine-Seite.

Das weniger wegen seiner Architektur als wegen seiner Schüler (neben Proust zum Beispiel Charles-Augustin Sainte-Beuve, Alexandre Dumas fils, Henri Bergson, Alfred de Vigny, Antoine Henri Bequerel, Jean-Jacques Ampère und Eugène Sue) bekannte Gymnasium zwängt sich heute als Block zwischen die Rue

Oben links: Die Pfarrkirche La Madeleine
Oben rechts: Im Parc Monceau

de Caumartin und die Rue du Havre. Der Verkehr, dessen Abgasemissionen inzwischen die Bausubstanz in Mitleidenschaft ziehen, und der damit verbundene Lärm lassen kaum einen Gedanken an die klösterliche Vergangenheit des Areals aufkommen. Die Rue du Havre, an deren Front längst ein modernes Gebäude steht, und die Rue de Caumartin werden durch die Passage du Havre verbunden, eine unauffällige Einkaufszeile, die zu Prousts Zeiten (so zumindest sein Freund Robert Dreyfus) mit verführerischen Attraktionen lockte, die heute nicht mehr zu erahnen sind.

Wichtiger für den heranwachsenden Marcel wurden die nicht weit entfernten Champs-Élysées. Bis ins 17. Jahrhundert reichen die Pläne zurück, die Tuilerien nach Westen hin zu verlängern und aus den Feldern und Sümpfen eine kultivierte Gartenanlage zu machen: die nach der griechischen Mythologie benannten Champs-Élysées. Die langgestreckte, vom Louvre über die Place de la Concorde bis zum Théâtre du Rond-Point reichende Anlage hat sich ihre Anziehungskraft bewahrt und lädt dazu ein, auf knirschendem Kies zu flanieren und die Füße hochzulegen, einen nicht allzu komplizierten Liebesroman zu lesen, Bekanntschaften zu knüpfen und sich vorzustellen, wie sich hier Ende des 19. Jahrhunderts die Kinder des Pariser Westend-Adels und der bürgerlichen Familien zu gesitteten Nachmittagsunternehmungen trafen.

Auch die Prousts gehörten dem Kreis an, der solche kontrollierten Begegnungen pflegte, wenngleich – so wird in *Im Schatten junger Mädchenblüte* ausgeführt – mitunter hygienische Bedenken gegenüber dem ungezwungenen Spiel in den Anlagen herrschten: »Seit einiger Zeit begegneten in gewissen Familien die Mütter dem Namen der Champs-Élysées, wenn ein Bekannter ihn fallen ließ, mit der feindseligen Miene, die sie sich für den bekannten Arzt aufsparen, von dem sie sagen, er habe zu viele Diagnosen gestellt, als dass sie noch zu ihm Vertrauen haben könnten; es wurde behauptet, diese Anlagen bekämen den Kindern nicht, es gebe viele Beispiele von Halsschmerzen, Röteln und Fieberanfällen, die durch sie verursacht seien. Ohne geradezu Mamas mütterliche Gefühle in Frage zu stellen, die mich auch weiter hingehen ließ, bedauerten doch einige ihrer Freundinnen aufs tiefste, wie verblendet sie sei.«

Zum Glück nahm Madame Proust – wenn wir diese Romanstelle uneingeschränkt autobiografisch lesen – die Ratschläge ihrer Bekannten nicht allzu ernst und ließ ihrem Sohn sein Nachmittagsvergnügen. Die Ausflüge in die Champs-Élysées waren die Höhepunkte des Tages. Ängstlich wurde jeder Anlass registriert, der diese Unternehmungen gefährden könnte. Eine Zeit lang ging Marcel fast jeden Tag in die Champs-Élysées, wo er mit seinen Schulkameraden zusammentraf und vor allem erste zaghafte Annäherungen an das weibliche Geschlecht unternahm. Robert Dreyfus beginnt seine Erinnerungen an Proust mit einer Szene aus dieser Zeit: »Im Garten der Champs-Élysées, in der Nähe des Restaurants des Ambassadeurs, geht der von der Avenue Gabriel kommende Passant zunächst um eine ziemlich große Grünfläche mit einem Springbrunnen in der Mitte herum, auf dem die Statue einer sich die Haare flechtenden Badenden steht. Dann kommt er an einer Allee vorbei, die an dem ehemaligen Sommer-Alcazar entlangführt, und stößt auf zwei Karusselle mit Holzpferden. (...) Dort sah ich Marcel Proust als Kind Barlauf spielen oder, was er noch lieber tat, mit den kleinen Jungen von damals reden. Er trug uns allen bereits Verse vor, verließ uns aber sofort, sobald er eine seiner jungen Freundinnen kommen sah.«

Beim Spielen in den Grünanlagen nähert sich der junge Marcel den »jeunes filles« vorsichtig und wird diese erotischen Erfahrungen in seinem Romanzyklus verarbeiten. Vor allem in *Unterwegs zu Swann* gelingt es Proust, diese Begegnungen literarisch überzeugend umzusetzen. Viele autobiografische Momente bleiben bestehen, doch mit der Figur Gilberte Swann, die nun zum Auslöser erster Liebe wird, erhalten die Parkanlagen der Champs-Élysées ihren wahren symbolischen Gehalt. Bei den anfangs als Zwang empfundenen Spaziergängen mit der Bedien-

Die Champs-Élysées werden zum Fluchtpunkt der Gedanken und Träume.

THEATRE
TPARNASSE
« Spectacle choc »
Les Echos
« Plein d'humour.
Stimule les méninges »
théâtres parisiens associés

steten Françoise entfacht der zufällig gehörte Name Gilbertes ein Feuer der Leidenschaft und der gleichzeitig einsetzenden Sehnsucht; aus einer teilnahmslos, ja widerwillig aufgesuchten Örtlichkeit macht der Zufall einen *locus amoenus*. Die Champs-Élysées werden zum Fluchtpunkt der Gedanken und Träume.

In Paris zu sein, das bedeutet für den Erzähler der *Suche nach der verlorenen Zeit*, in Gilbertes Nähe zu sein. Die Stadt definiert sich durch die geliebte Person: »Ohne ihre Gegenwart erschien mir die angenehmste Gegend wie ein Verbannungsort, und ich wünschte mir einzig, immer in Paris zu bleiben, solange ich mit ihr in den Champs-Élysées-Anlagen zusammensein konnte.« Wo er Gilberte trifft, ist letztlich gleichgültig, und diese Haltung spiegelt den Proustschen Umgang mit Paris wider. Seine Beschreibungen der Anlagen und ihrer markanten Punkte zeichnen sich nicht durch großen Realismus oder penible Detailfreude aus. Prousts Skizzen der Champs-Élysées (oder des Parc Monceau oder des Bois de Boulogne) lassen zwar oft ein Wiedererkennen zu, doch sie liefern selten mehr als ein topographisches Grundgerüst. Realitätstreue wird dabei bisweilen gewichtigeren Erzählabsichten geopfert, die auch sonderbare, auch ›unrealistische‹ Spaziergänge der Figuren erforderlich machen: »Ich hatte immer einen Plan von Paris bei der Hand; weil man darauf die Straßen erkennen konnte, in der Monsieur und Madame Swann wohnten, schien er mir einen Schatz zu bergen.« Der Klang der Straßennamen, der Klang des Familiennamens – allein das ist Stoff genug, um sich Gilberte träumend anzunähern.

Zurück auf die Champs-Élysées, wo sich eine der kuriosesten Proust-Örtlichkeiten erhalten hat: ein gusseisernes Toilettenhäuschen, das durch *Im Schatten junger Mädchenblüte* und *Guermantes* zu einem literarischen Ort avanciert ist und als eine der wenigen Bedürfnisanstalten dieser Welt Denkmalschutz für sich reklamieren darf. 1881 waren diese Stätten der Erleichterung in Paris eingerichtet worden, und das »Modergerüchlein«, das in Prousts Roman aus dem moosgrünen Etablissement aufsteigt, versetzt den Erzähler in einen beseligten, zauberhaften Zustand – bis ihn die mit Puder und Perücke ausgestattete Toilettenpächterin jäh aus seinen Träumen reißt.

Die als »Marquise« titulierte Toilettenfrau entfaltet aufs Schönste ihre Philosophie des Toilettengangs: »Und warum sollte ich mich denn zurückziehen, Monsieur? Wollen Sie mir sagen, wo ich es besser hätte als hier, größere Annehmlichkeiten und alles so bequem? Und immer ein Kommen und Gehen, immer Abwechslung; es ist das, was ich mein kleines Paris nenne; meine Kundschaft hält mich über alles, was vorgeht, auf dem Laufenden‹. (...) ›Und dann‹, sagte sie, ›suche ich mir meine Kunden auch aus, ich empfange nicht jeden beliebigen hier in meinen Salons, wie ich immer sage. Sieht es nicht aus wie in einem Salon mit meinen Blumen? Ich habe sehr liebenswürdige Kunden, immer bringt mir der eine oder andere ein Zweiglein schönen Flieder, Jasmin oder sogar Rosen mit, meine Lieblingsblumen.‹«

Das Toilettenhäuschen behauptet standhaft seinen Platz an der verkehrsreichen Avenue des Champs-Élysées. Prousts Rede vom »Pavillon« wirkt ein wenig übertrieben, doch die Gepflogenheiten in dem kleinen, rostigen »Chalet de nécessité« haben sich kaum geändert. Eine Stahltür ist mittlerweile eingezogen, hinter der sich Kabinen verbergen, die – nachdem der Zugang eine Zeit lang kostenlos war – inzwischen für den nicht gerade günstigen Preis von 1,50 Euro Erleichterung versprechen.

Im Umkreis der Place de la Madeleine finden sich viele Restaurants, die Proust frequentierte – nicht zuletzt, um Freunde zu treffen, Gesellschaften zu besuchen, Abendessen auszurichten und Sozialstudien zu betreiben. An Restaurants, die – wie es einmal im Roman heißt – »im Leben jener jungen Adligen, die Geld ausgeben«, eine ebenso wichtige Rolle spielen »wie stoffgefüllte Truhen in arabischen Märchen«, mangelte es nicht. Neben dem Larue, dem Durand und dem Maxim's (Rue Royale 3) verkehrte Proust zwischen 1900 und 1905 gern im Café Weber, das – bis 1961 – in der Rue Royale 21 angesiedelt war. Dort, so Fernand Gregh, tauchte er »manchmal gegen Mitternacht wie ein Gespenst auf und trug selbst im heißesten Sommer einen Mantel, dessen Kragen er mit Watte ausgepolstert hatte, die in Fetzen aus seinem Kragen hing«. Im Weber, wo Proust stets in großer Unruhe nach schillernden und anziehenden Personen Ausschau hielt, traf er sich unter anderem mit Claude Debussy.

Vorausgehende Seite links: Eine Colonne Morris
Vorausgehende Seite rechts: Parc des Buttes-Chaumont
Links: Die Badende im Park der Champs-Élysées

Von den Restaurants der Place de la Madeleine und den großen Boulevards gelangt man schnell zur Place Vendôme. Eindrucksvoll öffnet sich dieser Platz mit seiner mächtigen Säule in der Mitte, auf der in 44 Meter Höhe eine Statue Kaiser Napoléons thront. Die Arkaden und die Balustraden vor dem ersten Stockwerk der Häuser geben dem Platz die Anmut architektonischer Regelmäßigkeit und machen ihn zu einem geschlossenen, intimen Ensemble, das vor allem Nobelboutiquen und Banken beherbergt.

Die Place Vendôme – mit ihr verbindet man vor allem das Ritz, das sagenumwobene Hotel, dessen Namen ungeachtet der gesellschaftlichen Veränderungen (und der Eigentümerwechsel) für erlesene Eleganz und Übernachtungsluxus steht. Der geschwungene Schriftzug »Ritz« ziert die Bögen seiner Markisen und gibt, ohne Aufdringlichkeit, sofort zu erkennen, wo sich diese berühmte, in den letzten Jahren aufwendig renovierte Herberge inmitten der gleichförmigen Fassaden des Platzes verbirgt.

Am 1. Juni 1898 wurde das Ritz mit allem Pomp eröffnet, das erste Hotel, das über elektrisches Licht im ganzen Haus verfügte. Der Schweizer Bauernsohn César Ritz, der vom Servierer zum Hoteldirektor aufgestiegen war, hatte zusammen mit dem Architekten Charles Mewes seinen Traum eines idealen Komforthotels verwirklicht, das jahrzehntelang zum Anziehungspunkt für Reiche jedweder Provenienz und für Künstler wie F. Scott Fitzgerald oder Ernest Hemingway wurde.

Für Marcel Proust war das Ritz vor allem in seinen letzten Lebensjahren eine der wenigen Lokalitäten, die er freudig aufsuchte. Nach Jahren der Abstinenz vom gesellschaftlichen Leben blühte er im Jahr 1917 wieder auf und schloss neue Freund- und Bekanntschaften, anknüpfend an die Zeit des beginnenden Jahrhunderts: »Ich gehe weiter ins Ritz so wie die Katzen, die jeden Tag um die Chaiselongue streichen, auf die sich ihre Herrin auszustrecken pflegt.«

Darüber hinaus versorgte die Küche des Ritz den notleidenden Proust mit jenen Dingen, auf die er sich gelegentlich kaprizierte. Seine Vorliebe für eisgekühltes Bier vom Fass ist legendär und vielfach beschrieben worden, da es offenkundig schwerfällt, sich den feinnervigen Proust als Konsumenten gewöhnlichen Gerstensaftes vorzustellen. Anfänglich versorgte ihn die elsässische Brasserie Lipp mit diesem kühlen Nass, danach war es das Ritz, das Proust als Bierlieferant diente; ein Wagen brachte dem Durstigen eine gut gekühlte Karaffe.

Oben: Ein Hotel mit gutem Bier: das Ritz

Das Ritz ist der Fokus zwiespältiger Beobachtungen. Für Proust war das illustre Hotel einerseits Plattform, die Zerstörung von Paris während des Ersten Weltkriegs zu beobachten, und andererseits war es für ihn jahrelang der Schauplatz von Zusammenkünften, in denen andere Zerstörungen – der Zerfall der Gesellschaft, das Altern ihrer Protagonisten – ihr Werk taten. Für Proust-Reisende hält das Hotel mehrere Möglichkeiten bereit, diese Erfahrungen nachzuempfinden: in der 59 Quadratmeter großen Suite Marcel Proust (Preise auf Anfrage) oder im Salon Proust zu einem Dîner am Valentinstag beispielsweise. Zu zweit gilt es, 295 Euro zu berappen. Das Teegeschirr ist mit stilisierten Madeleines, dem dank Proust weltweit bekannten Gebäck, graviert.

Über ein Vierteljahrhundert wohnte Familie Proust am Boulevard Malesherbes, ehe sich der Hausvorstand entschloss, sein gestiegenes Ansehen auch öffentlich zu zeigen. Im Oktober 1900 übersiedelte man in gesetztere Gefilde, ohne das 8. Arrondissement verlassen zu müssen, in eine Gegend, wo »große Mediziner und reiche Kranke« (Jean-Yves Tadié) wohnten. Rue de Courcelles 45, zweiter Stock, hieß die neue Adresse der Prousts, ein voluminöses Eckhaus in einer schmucklosen, ruhigen Straße an der Place du Pérou, das – 1885 erbaut – den Geist der Dritten

Republik atmete. Hier in diesem wuchtigen Haus wurde Proust erwachsen; binnen kurzer Zeit starben sein Vater und seine über alles geliebte Mutter. 1905, immerhin schon im Alter von 34 Jahren, musste Proust plötzlich auf eigenen Füßen stehen.

Nach dem Tod der Mutter galt es zuerst, eine Unterkunft zu finden – kein leichtes Unterfangen für einen kränklichen, lärmempfindlichen, zur Hypochondrie neigenden Schriftsteller, der an nahezu allen Immobilien etwas auszusetzen hatte. Ein glücklicher Umstand führte schließlich dazu, dass sich Ende 1905 eine Lösung fand, die ein Verbindungsglied zur Vergangenheit aufwies. Seit dem Tod seines Onkels Louis war Proust Mitbesitzer des Hauses Boulevard Haussmann 102. In die sechs Zimmer umfassende Wohnung im ersten Stock, wo Proust zusammen mit seiner Mutter des Öfteren zu Besuch gewesen war, zog er schließlich – auch wenn es paradox klingt – als Untermieter ein: »Ich konnte mich nicht entschließen, übergangslos in ein Haus zu ziehen, das Maman nicht gekannt hätte.«

Trotz dieser angenehmen Reminiszenzen bot die neue Behausung ständig Anlass zu wortreicher Klage. Die Nähe zur Gare Saint-Lazare und zu den großen Kaufhäusern am ohnehin rege frequentierten Boulevard schuf einen Lärm- und Staubpegel, der Proust permanent peinigte. Zudem ließen es sich die Hausgenossen ärgerlicherweise nicht nehmen, umfangreiche Umbauarbeiten in ihren eigenen vier Wänden vorzunehmen. Als eine Nachbarin daraus eine Dauerbeschäftigung zu machen schien, ließ Proust seiner Wut brieflich freien Lauf: »Die zwölf Arbeiter, die hier seit langen Monaten so frenetisch dreinhauen, müssen irgendetwas genauso Majestätisches errichtet haben wie die Cheops-Pyramide, welche die Leute, die aus ihren Häusern treten, mit Verwunderung zwischen dem Kaufhaus Le Printemps und der Kirche Saint-Augustin erblicken müssen. Ich selbst sehe es nicht, aber ich höre es.«

Hier am Boulevard Haussmann begann – endlich – das literarische Werk zu reifen. Proust arbeitete fortan kontinuierlich an der *Suche nach der verlorenen Zeit*, deren erster Band 1913 im Verlag Grasset erschien. Seine Lebens- und Arbeitsbedingungen folgten festgefügten Ritualen. Céleste Albaret, »das schöne Frauenzimmer, das ich als Haushälterin habe«, trat 1913 als 22-Jährige in Prousts Dienste und wurde ihm eine treu ergebene, unentbehrliche Begleiterin, die auf eigene Bedürfnisse nicht achtete und trotz ihrer Jugend als Ersatzmutter fungierte. Sie kannte die Vorlieben und Abneigungen ihres »Maître« bis ins Kleinste und glich sie aus. Bis zu Prousts Tod 1922 war sie an seiner Seite.

Ich suche nach Prousts Paris – dem Paris, das sein Leben bestimmte, und dem, das er in seine Bücher einbaute.

1910 veränderte sich Prousts Zimmer auf entscheidende Weise: Auf Anraten einer Freundin ließ er die Wände mit Kork ausschlagen, um zusätzliche Lärmdämmung zu schaffen – die Isolierstation eines Schriftstellers war somit ausgestattet, die inneren Reisen in seinem Laboratorium konnten fortgeführt werden: »Wenn man hereinkam, fiel einem, abgesehen von den Korkplatten, vor allem die blaue Farbe auf. Genau gesagt, das Blau der Vorhänge. Es wiederholte sich in einem großen Kronleuchter, einer Art Kelch, der in einer Spitze auslief und dessen Birnen mit mehreren Schaltern angeknipst wurden, was aber nie geschah, außer wenn ein Gast da war oder ich in Monsieur Prousts Abwesenheit das Zimmer saubermachte.« (Céleste Albaret)

Eine Nachbildung dieser Behausung ließ sich lange Jahre im Marais-Viertel besichtigen, in der Rue de Sévigné, wo sich nahe der Place des Vosges das Musée Carnavalet befindet. Dieses mit einzigartigen Zeugnissen zur Pariser Stadtgeschichte bestückte Museum hat Zimmer bedeutender Literaten nachgebaut, darunter in einer Nische Marcel Prousts korkbeschichtetes Zimmer, das Möbelstücke aus dem Boulevard Haussmann aufbewahrt: das schmale Kupferbett, zwei Sessel, ein kleiner Nachttisch mit Tintenfass, Notizheften, Kandelaber, ein Gemälde Louise Brouarels, das Prousts Vater zeigt, Jade, die Anna de Noailles ihm schenkte – ein tröstlicher Anblick, der ein klein wenig proustische Atmosphäre einfängt. Erst Anfang 2020 wird das Musée Carnavalet nach umfangreichen Umbauten seine Wiedereröffnung feiern. Man darf gespannt sein, wie Prousts Zimmer dann zur Geltung kommen wird.

Am Boulevard Haussmann 102 erinnert seit Langem eine Erinnerungstafel an den bekannten Mieter. Der Besitzer, ein Bankhaus, machte es eine Zeit lang möglich, einen »Salon de Marcel Proust« zu besichtigen. Heute, da die Immobilie dem Crédit Industriel et Commercial (C.I.C.) gehört, ist dieser Salon geschlossen.

Proust hatte sich mehr schlecht als recht mit seinen Wohnverhältnissen abgefunden, als ihn im Januar 1919 ein Schlag ereilte, der ihn zwang, sich nach einem neuen Domizil umzusehen. »Für ihn hat der Tod mit unserem Auszug aus der Wohnung am Boulevard Haussmann begonnen, der wirklich ein seelisches Herausreißen war«, beschrieb Céleste Albaret diesen Einschnitt. Seine einst üppigen finanziellen Ressourcen waren fast versiegt; ein Wettlauf mit dem Tod setzte ein – alles setzte Proust daran, seinen siebenbändigen Roman abschließen zu können. Für kurze Zeit zog er der Not gehorchend in die kleine Rue Laurent-Pichat Nr. 8 im 16. Arrondissement, wo ihn das lautstarke Liebesspiel der Nachbarn quälte. Immerhin befand sich das »Haus aus Papier« in der Nähe des Bois de Boulogne – eine jener Grünanlagen, die für Proust selbst und seine Romanfiguren eine große Rolle spielen. Dort in den verschwiegenen Seitenwegen des Bois (oder in denen des Parc des Buttes-Chaumont) kam man zu heimlichen Rendezvous zusammen, und darüber nachdenkend, quälte sich Prousts Ich-Erzähler mit seinen Eifersuchtsattacken. Was alles ließ sich im Dickicht nicht an Verbotenem tun? Was verschwieg man ihm? Ein dauerhafter Grund des Misstrauens ...

Noch ein letztes Mal musste Proust umziehen. Das ungeliebte Übergangsquartier in der Rue Laurent-Pichat wurde Anfang Oktober 1919 gegen eine Wohnung in der Rue de l'Amiral-Hamelin (damals: Rue Hamelin), Hausnummer 44, ein »widerliches Loch«, eingetauscht, das er nur als Provisorium betrachtete. Ungeachtet seiner desolaten Finanzen versuchte Céleste, die Geborgenheit des Boulevard Haussmann so gut es ging wiederherzustellen.

Während Prousts Krankheitsschübe häufiger und heftiger wurden, kämpfte er sich durch die Druckfahnen seines Werkes. Da die kleinen Kamine schlecht zogen, wurde nie eingeheizt. Eine Grabeskälte, eine »Grabesatmosphäre« (Céleste Albaret) breitete sich in der Rue Hamelin aus. Soweit es seine Kräfte zuließen, nahm Proust an Empfängen und Abendessen teil, meistens im Hotel Ritz. Eine Ehrung wie der Prix Goncourt, der ihm im Dezember 1919 zuerkannt wurde, nötigte freilich zu vielen Dankesbekundungen, die den Kranken weiter erschöpften.

Anfang Oktober 1922 ging Proust seiner letzten gesellschaftlichen Verpflichtung nach. Er besuchte, wieder einmal, den Grafen Etienne de Beaumont und seine Frau Edith in deren Haus, dem nicht weit vom Invalidendom gelegenen Hotel de Masseran. Auf dem Heimweg zog sich Proust eine Erkältung zu; Be-

handlungen der Ärzte ablehnend, bemühte er sich, gegen die Erkrankung anzukämpfen und die Überarbeitung der Manuskripte und Fahnen fortzusetzen.

Am Samstag, dem 18. November 1922, starb Proust um fünf Uhr nachmittags: »Ich taumelte vor Erschöpfung und Schmerz, aber ich konnte es nicht glauben, so würdevoll war er verschieden, ohne ein Erzittern, ohne einen Atemzug; nicht einmal in seinen Augen, die uns bis zuletzt anschauten, schien die Lebensflamme zu erlöschen«, so erinnert sich Céleste Albaret.

Am Haus in der Rue de l'Amiral-Hamelin 44 ist eine Plakette befestigt, die auf ihren Mieter verweist. Die Wohnung ist nicht erhalten; heute residiert hier das 3-Sterne-Hotel Élysée Union – eine weitere Chance, dem Autor auch in der Nacht nahe zu sein, für rund 140 Euro das Doppelzimmer. Die Zimmer sind mit Minibar, Telefon, Fernseher und Safe ausgestattet. An Marcel Proust erinnert nichts hier.

Das Grab der Prousts befindet sich auf dem berühmtesten Friedhof von Paris, dem weitläufigen Père-Lachaise im 20. Arrondissement. Lange Zeit zierte die Grabstätte ein von Marie Nordlinger angefertigtes Rundbild Adrien Prousts, das 1966 entfernt und am Geburtshaus des Vaters in Illiers-Combray angebracht wurde. Die Familiengruft ist nicht leicht zu finden: eine schlichte schwarze Marmorplatte in dritter Reihe der 85. Abteilung. Die Eltern liegen dort, Bruder Robert mit seiner Frau – und Marcel. Die Inschrift auf seiner Grabplatte weist nicht mehr als seine Lebensdaten auf. Auch wenn das Grab kein Pilgerplatz wie Jim Morrisons oder Edith Piafs Ruhestätten ist, zieht es nachdenkliche Besucher an, die scheu vor der Grabplatte verharren und eine Rose oder einen Margeritenstrauß niederlegen.

Oben links: Plakette am Boulevard Haussmann
Oben rechts: Letzte Ruhestätte auf dem Friedhof Père-Lachaise

Marcel Prousts Beisetzung fand am 22. November 1922 statt. »Was für eine schöne Beerdigung!«, befand Maurice Barrès, sich an die von zahllosen Parisern besuchte Beisetzung erinnernd. Zu den Klängen von Ravels *Pavane pour une infante défunte* erwies man einem Autor die letzte Ehre, dessen Bedeutung manchem erst in den Momenten der Beerdigung deutlich wurde: »Und ein paar Kritiker, die Proust gegenüber leichte Bedenken geäußert hatten, fühlten sich nun im Strom der Orgel und der Geigen ganz verzweifelt.« (Maurice Martin du Gard)

EMPFEHLUNG:

Wer weder an Prousts letztem Wohnort im Hotel Élysée Union nächtigen möchte oder wem das Kleingeld für einen Aufenthalt im Ritz fehlt, der kann seit 2013 ein Hotel wählen, das nach Charles Swann, einer der Romangestalten, benannt ist: das Best Western Premier Hotel Le Swann, in der Rue de Constantinople (8. Arr.).

ZUM WEITERLESEN:

Prousts siebenbändigen Roman *Auf der Suche nach der verlorenen Zeit* gibt es in zwei Übersetzungen: in der von Luzius Keller revidierten Übertragung Eva Rechel-Mertens' und in der Übersetzung aus einer Hand von Bernd-Jürgen Fischer. Der Comic-Künstler Stéphane Heuet bereitete den Stoff zudem auf außergewöhnliche Art als Graphic Novel auf, erschienen in sechs Bänden beim Knesebeck Verlag. – Rainer Moritz: *Mit Proust durch Paris.* – Henri Raczymow: *Le Paris littéraire et intime de Marcel Proust.* – Jean-Yves Tadié: *Marcel Proust.*

Rechts: Treppenhaus in der Rue de Courcelles

MIT KAUM 10 TALERN IN DER TASCHE

HANS CHRISTIAN ANDERSEN UND KOPENHAGEN

Es ist unmöglich, ihm in Kopenhagen zu entgehen. Selbst wenn man vom Leben des bedeutendsten dänischen Dichters Hans Christian Andersen nichts weiß und man sich höchstens von ferne an die *Prinzessin auf der Erbse* erinnert, begegnet einem sein Name, seine Gestalt an jeder zweiten Straßenecke. So natürlich auch im Dezember, wenn sich auf dem Neuen Markt, dem Nytorv, einer der zahlreichen Kopenhagener Weihnachtsmärkte ausbreitet, der »H.C. Andersen Julemarked«. Diese saisonal bedingte Anhäufung typischer Holzbuden wird in Dänemark mit deutschen Traditionen in Verbindung gebracht, und so nimmt es nicht wunder, dass gleich am Eingang ein »Holzkohlegrill« grüßt und eine sehr deutsch aussehende »Brat Wurst« anbietet, während nebenan ein Glühweinstand (»Gløgg/Hot Wine«) die Passanten in einer Dauerschleife mit sehr deutschen Weihnachtsliedern bedenkt.

Könnte sich Hans Christian Andersen das Ganze ansehen, würde er sich die Augen reiben. Denn nicht nur ein Weihnachtsmarkt ist nach ihm benannt; auch eine Rosensorte und der Flughafen seiner Geburtsstadt Odense tragen seinen Namen. Briefmarken zeigen sein Konterfei, und wer durch die Kopenhagener Innenstadt geht, wird vielerorts auf versteckte und offensichtliche Andersen-Reminiszenzen stoßen. Vorhersehbar waren sein Ruhm und sein Nachruhm kaum, als der aus ärmlichsten Verhältnissen stammende Andersen im Alter von vierzehn Jahren seine Heimat verließ und sich unerschrocken in die große Stadt, nach Kopenhagen, aufmachte: »Montag Morgen, den 5. September 1819, erblickte ich zum erstenmal von der Anhöhe bei Friedrichsberg Kopenhagen. Dort stieg ich ab, und mit meinem kleinen Bündel ging ich durch den Schlossgarten, die lange Allee und die Vorstadt zur Stadt hinein.« Mit »kaum 10 Talern« in der Tasche duldet es für den selbstbewussten jungen Mann keinen Zweifel, dass er zu Künstlerischem berufen ist. Hartnäckig sucht er Kontakt in der Stadt, will als Schauspieler und Tänzer reüssieren und lässt sich von niemandem abschütteln. Er findet Förderer, beendet – in der Provinz – seine schulische Ausbildung und kehrt zum Studium nach Kopenhagen zurück, wo alsbald sein literarischer Stern aufgeht. Bis ihm seine Romane, Dramen, Gedichte und vor allem seine Kunstmärchen Geld einbringen, ist er auf die Gunst anderer angewiesen. Er ist Kostgänger, nimmt seinen Mittagstisch also bei unterschiedlichen Familien ein, und wohnt lange zur Untermiete in einfachen Zimmern. In seinem *Bilderbuch ohne Bilder* hat er eine dieser Unterkünfte beschrieben: »Ich bin ein armer Bursche, ich wohne drüben in einer der

Vorausgehende Seite: Die Meerjungfrau ganz allein
Links: Andersens Zimmer am Kongens Nytarv

engsten Gassen, aber das Licht fehlt mir nicht, denn ich wohne hoch droben, mit der Aussicht über alle Dächer. Die ersten Tage, als ich in die Stadt hereingekommen, war es mir so eng und einsam; statt des Waldes und der grünen Hügel hatte ich jetzt nur die grauen Schornsteine als Horizont. Nicht einen Freund besaß ich hier, nicht ein bekanntes Gesicht grüßte mich.«

Eine dieser Buden (vertraut zum Beispiel aus dem Gedicht *Der Student*) lässt sich übrigens besichtigen, kurioserweise im altgedienten Magasin du Nord (vormals Hotel du Nord), im Einkaufstempel am Kongens Nytorv, dem Neuen Königsmarkt. Es bedarf allerdings günstiger Umstände, um sich in der Spielwarenabteilung des dritten Stocks bis zu Andersens schlichtem Bett durchzufragen. Nicht allen Verkäufern ist geläufig, was sich da ganz in der Nähe ihrer Lego-Regale befindet ...

Hat man dieses Hindernis genommen, bleibt man am besten auf dem Kongens Nytorv, diesem prächtigen Platz, der heute ein hoch frequentierter Verkehrsknotenpunkt ist. Einer seiner ersten Wege führte Andersen dorthin, zum Königlichen Theater, das für ihn eine wichtige Anlaufstelle blieb. Wer gut bei Kasse ist, quartiert sich am besten im noblen Hotel d'Angleterre ein. Die Nacht in einer der luxuriösen Suiten kostet zwar gut 1.000 Euro, beschert aber immerhin das erhebende Gefühl, dort zu wohnen, wo H.C. Andersen erstmals 1860 wohnte und – ruhige Zimmer lehnte er ab – das pulsierende Stadtleben genoss.

Die vielfältigen Reize, die vom Hotel d'Angleterre und vom Königsmarkt ausgehen, hat auch Andersens Kollege Erich Kästner erkannt. Sein 1935 erschienener Roman *Die verschwundene Miniatur* setzt so ein: »Jener Platz in Kopenhagen, an dem die Königliche Oper steht, heißt der Kongens Nytorv. Es ist ein außerordentlich freundlicher, geräumiger Platz. Und will man ihn mit der Muße betrachten, auf die er Anspruch hat, setzt man sich am besten vors Hotel d'Angleterre. (...) Es ist schon recht sonderbar mit diesem Kongens Nytorv! Man mag jahrelang nicht mehr in Dänemark gewesen sein, und inzwischen gab's auf jeden Fall in etlichen Staaten Revolution, vielleicht wurde der Usurpator von Afghanistan von den Parteigängern seines Cousins aufgeknüpft, und in Japan stürzten bei einem Erdbeben mindestens zehntausend Häuser ein, als seien sie aus Altenburger Skatkarten erbaut gewesen – wenn man dann wieder aus der Amagergade herauskommt, sich nach links wendet und zum d'Angleterre blickt, sitzen noch immer jene eleganten Frauen und distinguierten Fremden, in fünf Reihen gestaffelt, vorm

Andersen und Kopenhagen – das war eine enge und nie unkomplizierte Verbindung, ja vielleicht eine »Hassliebe«.

Hotel, unterhalten sich in einem Dutzend Sprachen, mustern geduldig das fröhliche Treiben und verbergen mühsam hinter der Gelassenheit ihrer Mienen, wie gut die dänische Küche schmeckt. Am Kongens Nytorv steht die Zeit still.«

Andersen und Kopenhagen – das war eine enge und nie unkomplizierte Verbindung, ja vielleicht, wie Ulrich Sonnenberg schrieb, eine »Hassliebe«. Sein gewöhnungsbedürftiges Sozialverhalten ließ ihn anecken. Selbst als er in ganz Europa Erfolge feierte, verlangte er seinen Zeitgenossen einiges ab. Charles Dickens, den er 1857 besuchte, litt unter den Kapricen seines egozentrischen dänischen Kollegen, der Englisch »wie ein Taubstummer« gesprochen habe. Tilman Spreckelsen hat die Anstrengung, die dieser Besucher Dickens kostete, anschaulich festgehalten: »Der Gast blieb, wo er war, beschwerte sich über sein kühles Zimmer und dass ihn keiner der Söhne des Hauses rasierte, wie es in Dänemark üblich sei. Er pflückte Blumensträuße im Wald und zerschnitt Papier zu den kleinen Bildchen, für die er berühmt war. Kam ihm eine kritische Rezension eines seiner Werke zu Gesicht, warf er sich weinend auf den Boden. Vor allem aber verlangte er nach Aufmerksamkeit.« Seine Gefühle nach Andersens Abreise notierte Dickens auf dem Spiegel des Gästezimmers: »Hans Andersen schlief fünf Wochen in diesem Zimmer. Der Familie kam es vor wie eine Ewigkeit.«

Allein Andersens »lange, schlotterige, lemurenhaft-eingeknickte Gestalt mit einem ausnehmend hässlichen Gesicht« (Friedrich Hebbel) machte ihn bei gesellschaftlichen Anlässen nicht zu »everybody's darling«. Er versuchte

Oben links: Andersen, mit Buch, als Denkmal im Königsgarten
Oben rechts: Andersens Grab auf dem Assistensfriedhof

sich Männern wie Frauen anzuschließen. Seine heißen Liebesgefühle zu Riborg Voigt, der Schwester eines Studienfreundes, und zur »schwedischen Nachtigall«, der Opensängerin Jenny Lind, blieben unerwidert. Ob Andersen homosexuell war und ob in seinen Texten Fährten zu dieser Orientierung führen, ist unter seinen Biografen und unter Literaturwissenschaftlern ein viel und strittig diskutiertes Thema. Allen Widerständen zum Trotz erfüllte sich der Schuhmachersohn von der Insel Fünen seinen Traum von der Erfüllung in der Kunst und von gesellschaftlicher Anerkennung – was immer hinter seinem Rücken über ihn geredet wurde. Wer sein berühmtes Märchen vom *Hässlichen Entlein* liest, spürt die erfahrenen Verletzungen und die späte Genugtuung hautnah.

Andersen blieb Junggeselle. Er unternahm rund dreißig Reisen, die ihn bis nach Kleinasien führten, und sah nie die Notwendigkeit, einen eigenen Hausstand zu gründen. Er wechselte mehrfach seine Bleiben, stieg in Hotels ab, und als er als Mann von einundsechzig Jahren genötigt wird, ein »eigenes Bett« anzuschaffen, sieht er darin eine Zumutung: »Das macht mir Angst!« Gleich mehrfach, zuerst 1834, quartierte er sich, unweit des Kongens Nytorv, am Nyhavn, dem Neuen Hafen, ein, der mit seinen Restaurants und Clubs heute ein Anziehungspunkt für Touristen und Einheimische ist. Ein bedeutender Handelshafen war er nie, dafür früher – auf der »unartigen« Seite – ein Sammelbecken für zwielichtige Gestalten, die in den zwielichtigen Etablissements verkehrten. Auf der »artigen« hatte Andersen – Nyhavn 18, 1. Stock – seine letzte Wohnung. Sein französischer Kollege

Oben: Königliches Theater am Kongens Nytorv

Julien Green ließ, von seiner Unterkunft in der Sankt Annæ Gade, den Blick in diese Richtung schweifen: »Ich blicke aus dem Fenster und sehe die hübschen Häuser von Nyhavn, grüne, rote, schwarze, ganz so wie Andersen, der dort wohnte, sie gesehen haben muss. Hinter mir wird weiter geplaudert und geschwatzt, in dieser Sprache, die sich anhört, als habe sie zu viel getrunken und kämpfe mit Mühe gegen einen Brechreiz an.«

Andersens Verwobensein mit Kopenhagen bringt es nicht nur mit sich, dass etliche Domizile, in denen er lebte, und Restaurants, in denen er verkehrte, Ziele für Literaturreisende geblieben sind. Es spiegelt sich auch darin, dass er seine Veröffentlichungen mit topografischen Stadtelementen unterlegte. Folglich vermengen sich beim Spazierengehen durch Kopenhagen Fiktion und Realität auf untrennbare Weise. So kann man durch die Einkaufsmeile Østergade flanieren und sich an den Anfang des Märchens *Die Galoschen des Glücks* erinnern (»Es war in Kopenhagen, an der Oestergade, in einem der Häuser nicht weit von Kongens Nytorv, wo eine große Gesellschaft gegeben wurde; denn das muss man hin und wieder tun, dann ist es getan, und dann kann man wieder eingeladen werden«). Oder an der Vestergade 18 vorbeischauen, wo der frisch angekommene Andersen unterkam und sich heute »Heidi's Bier Bar« befindet. Oder den 35 Meter hohen Runden Turm, auf einem spiralförmigen, treppenstufenlosen Gang erklimmen, ein Wahrzeichen, das Andersen zu einem aparten Vergleich in seinem ersten Märchen *Das Feuerzeug* inspirierte: »Aber der Hund, der hier auf der Geldkiste sitzt, hat zwei Augen, jedes so groß wie der ›Runde Turm‹. Das ist ein richtiger Hund, das kannst du mir glauben«. Und von da geht's weiter zum Højbro Plads, wo – Hausnummer 21 – der Kaufmann Moritz Melchior und seine Frau Dorothea im Plougs Gård wohnten. Mit beiden war Andersen in seinen letzten Jahren eng befreundet. Sie waren es auch, die zu seinem 70. Geburtstag ein prachtvolles Diner ausrichteten, dessen Gänge nebst Getränken nach Andersens Märchen benannt waren. Auf dem Landsitz Rolighed (im Kopenhagener Distrikt Østerbro) der Melchiors starb Andersen wenige Monate später, am 4. August 1875.

Sein Grab lässt sich ebenfalls gut zu Fuß erreichen. Vom Runden Turm aus passiert man die Nørreport-Metrostation, überquert den Peblinge-See und ist nach einigen Minuten über die Nørrebrogade am Assistensfriedhof angelangt. 1760 angelegt, steht er seit einigen Jahren unter Denkmalschutz. Er weitet sich zu einer einladenden Parkanlage, die die Kopenhagener seit jeher zur Wochenenderholung

»Hans Andersen schlief fünf Wochen in diesem Zimmer. Der Familie kam es vor wie eine Ewigkeit.«
CHARLES DICKENS

SKAGEN
FREDSFONDENS HUS
GALIONEN
CAP HORN
SKAGEN

HYTTEFADET
SKIPPERKROEN

nutzen. Man nimmt ein Sonnenbad, picknickt und ist den Toten auf selbstverständliche Weise nahe. Dass die Totengräber den Müßiggängern einst alkoholische Getränke anboten, gehört zu den kuriosen Legenden der Friedhofsgeschichte – und ist heute natürlich nicht mehr Usus.

Als ich mich an einem Sonntagmorgen auf die Suche nach Andersens Grab begebe, bin ich fast allein auf dem Friedhof, allenfalls ein paar unruhige Geister, die sich die Füße nach dem Frühstück vertreten, und ein paar Radfahrer kreuzen meinen Weg. Die von einem schwarzen Eisenzäunchen mit Eichenlaubornamenten umschlossene Grabstätte des »Digteren« ist nicht zu verfehlen. Ein schlichter, von Buchsbaumhecken umschlossener Stein, versehen mit der Inschrift »Den Sjæl, Gud i sit Billede har skabt, / Er uforkrænkelig, kan ei gaae tabt; / Vort Jordliv her er Evighedens Frø, / Vort Legem' døer, men Sjælen kan ei døe!« – Verse aus Andersens Gedicht *Oldingen*, die von der unantastbaren, unsterblichen Seele künden.

Und wer den Assistensfriedhof besucht, lässt es sich natürlich nicht entgehen, von Andersen zu Søren Kierkegaard hinüberzugehen, zu dessen Familiengrab mit Versen aus einem Kirchenlied Hans Adolph Brorsons als Inschrift: »Noch eine kleine Zeit, dann ist's gewonnen, / dann ist der ganze Streit in nichts zerronnen. / Dann darf ich laben mich an Lebensbächen / und ewig, ewiglich mit Jesus sprechen.« Verse, die unweigerlich daran denken lassen, dass Andersen und Kierkegaard in herzlicher Abneigung einander verbunden waren …

Wo viel Ruhm, da viele Plätze der Erinnerung. Das gilt für Andersen in besonderem Maße. Vergnügungswillige werden so den Tivoli nicht auslassen. 1843 eröffnet, wurde er sofort von den Kopenhagenern ins Herz geschlossen, auch von Hans Christian Andersen, der sich den Park kurz nach der Eröffnung als Schreibort auserkor und sich an sein Märchen *Die Nachtigall* machte: »Im Tivoli. Begann mit dem chinesischen Märchen.« Das Fahrgeschäft »Der fliegende Koffer« bietet heute die Möglichkeit, sich auf einen Ritt durch seine Märchenwelt zu begeben.

Natürlich dürfen Denkmäler nicht fehlen. Kopenhagen lässt sich da nicht lumpen und hat seinen größten Dichter auf diese Weise gleich an mehreren Stellen verewigt. Zum Beispiel auf dem Rathausplatz. Dessen erster Blickfang ist sicher der eigenwillige Drachenspringbrunnen, doch gleich daneben am nach ihm benannten Boulevard stößt man auf eine Andersen-Bronzestatue. 1961 geschaffen von Henry Luckow-Nielsen, weist sie auf, was man erwartet: Zylinder, Stock, Buch – und den sehnsüchtigen Blick des Dichters hinüber zum Tivoli.

Vorausgehende Seite: Touristenattraktion Nyhavn, einst Andersens Wohnort
Rechts: Königliche Wache am Schloss

Schenken kann man sich das ebenfalls am Rathausplatz gelegene »H.C. Andersen Eventyrhuset«, das Märchenhaus, das mit einem Literaturmuseum wenig gemein hat, dafür reichlich Kitsch, Effekte und plumpe Folklore anbietet. Am besten, man lässt es links liegen, geht zurück durch die Innenstadt Richtung Nordosten, bis man auf eine der schönsten Straßen Kopenhagens, die Kronprinsessegade, stößt. Diese grenzt an den Königsgarten (Kongens Have), wo Dichter Andersen nicht fehlen darf, als Statue, die man zu seinem 70. Geburtstag errichten wollte. Ein Wettbewerb wurde ausgeschrieben; der Bildhauer August Saabye erhielt den Zuschlag, doch es dauerte bis zum Jahr 1880, ehe das Denkmal (mit obligatorischem Buch!) am Ende des Damengangs aufgestellt wurde. Andersen hatte sich darüber empört, dass Saabye, seine Figur mit lauschenden Kindern umgeben wollte: »Es war mein Ziel, ein Dichter für sämtliche Lebensalter zu sein, und Kinder würden mich nicht repräsentieren.«

Fehlt noch etwas? Aber ja, natürlich. Da führt kein Weg daran vorbei, und vom Kongens Have ist es nicht allzu weit. Man geht am Designmuseum vorbei und ist bald am Kastell und am Hafen angelangt. Ein Strom von Touristen weist zu jeder Tageszeit das Ziel: die Uferpromenade Langelinie mit dem wohl am meisten fotografierten Wahrzeichen Kopenhagens, der Kleinen Meerjungfrau (Den lille Havfrue). Da sitzt sie, auf einem Findling, unscheinbare 1,25 Meter groß und breitet ihre Flossen aus. In Auftrag gab sie Carl Jacobsen, Besitzer der Carlsberg-Brauerei, der 1909 eine Ballettaufführung mit der Ballerina Emma Price in der Hauptrolle von Andersens Märchen *Die kleine Meerjungfrau* gesehen hatte. Der Bildhauer Edvard Eriksen machte sich an die Arbeit, musste aber gleich zwei Modelle zu sich bitten: Tänzerin Price ließ gern ihren Kopf nachmodellieren, weigerte sich aber, für den nackten Körper der Meerjungfrau zu posieren. So musste Eriksens Ehefrau Eline einspringen. Im August 1913 schließlich fand die Skulptur ihren Platz am Uferkai. Traurig geht ihr Blick ins Leere, was natürlich mit Andersens trauriger Geschichte zu tun hat, aber vielleicht auch mit dem, was man ihr im Lauf der letzten einhundert Jahre alles angetan hat. Eriksens zarte Figur wurde bemalt, besprüht, verunstaltet, vom Felsen gesprengt

und zweimal enthauptet. Was die Kopenhagener Stadtverwaltung nicht davon abhielt, sie mit Engelsgeduld immer wieder herzurichten, auf dass die Touristen sich ihr bis auf wenige Schritte nähern, ihre Selfie-Fertigkeiten perfektionieren und das reiche Angebot an besonders scheußlichen Souvenirs prüfen können.

Wer das alles überstanden hat, dem ist anzuraten, der eigenen Fantasie zu vertrauen und sich der Andersen-Lektüre hinzugeben, in einem stillen Café zum Beispiel, wo keinerlei Andersen-Spuren zu entdecken sind. Beim Lesen der *Kleinen Meerjungfrau* etwa begreift man dann, dass Hans Christian Andersen, wie André Gide anmerkte, »einer der wenigen Menschen war, die Mythen schufen«.

EMPFEHLUNG:

Genug von Kopenhagen? Dann auf nach Fünen, nach Odense, wo es in der Altstadt ein »H.C. Andersens Hus«, das man kurzerhand zu seinem Geburtshaus erklärt hat, und ein dem Dichter gewidmetes Museum gibt. Keine Frage, Odense macht Ernst mit der Würdigung seines größten Sohnes und lässt überall in der Stadt seine Gestalten aufmarschieren. Einkehren muss man im Restaurant Den Grimme Ælling (Das hässliche Entlein), wo sonst? Sein Nasenschild zeigt einen schwarzen Schwan, und die automatisch hergestellte deutsche Übersetzung auf der Website macht ein verführerisches Angebot: »Essen Sie, bis Sie voll und glücklich sind«.

ZUM WEITERLESEN:

Jens Andersen: *Hans Christian Andersen. Eine Biographie.* – Christoph Bartmann: *Kopenhagen – Stadt der Dichter.* – Wolfgang Mönninghoff: *Das große Hans Christian Andersen Buch.* – Bernd-Rüdiger Schwesig (Hrsg.): *Reise Textbuch Kopenhagen.* – Ulrich Sonnenberg: *Hans Christian Andersens Kopenhagen.*

LITERATUR

Jens Andersen: Hans Christian Andersen. Eine Biographie. Frankfurt/Main: Insel, 2005.

Christoph Bartmann: Kopenhagen – Stadt der Dichter. Düsseldorf/Zürich: Artemis & Winkler, 2005.

Rüdiger Bernhardt: Hiddensee. Auf den Spuren von Gerhart Hauptmann. Hamburg: Ellert & Richter, 2012.

Ulrich Binder/Pierre Geering (Hrsg.): Freibad Letzigraben. Von Max Frisch und Gustav Ammann. Zürich: Neue Zürcher Zeitung, 2007.

Regina Bucher: Mit Hermann Hesse durchs Tessin. Berlin: Insel, 52017.

Heinrich Detering: Das Meer meiner Kindheit. Thomas Manns Lübecker Dämonen. Heide: Boyens, 2016.

Manfred Eickhölter/Britta Dittmann: Allen zu gefallen – ist unmöglich. Thomas Mann und Lübeck, 1875 bis 2000. Eine Chronik. Lübeck: Schmidt-Römhild, 2002.

Gustav Erdmann: Führer durch die Gerhart Hauptmann-Gedächtnisstätte Kloster auf Hiddensee. Rostock: O.V., 31962.

Giuseppe Farese: Arthur Schnitzler. Ein Leben in Wien 1862–1931. München: C. H. Beck, 1999.

Bernd Erhard Fischer: Gerhart Hauptmann auf Hiddensee. Berlin: Fischer, 2011.

Konstanze Fliedl: Arthur Schnitzler. Stuttgart: Reclam, 2005.

Ute Fritsch: Künstlerkarte Hiddensee. Berlin: Jena 1800, 32014.

Christa Gürtler: Ingeborg Bachmann. Klagenfurt – Wien – Rom. Berlin: Ebersbach, 2006.

Volker Hage: Eine Liebe fürs Leben. Thomas Mann und Travemünde. Frankfurt/Main: S. Fischer, 2002.

Volker Hage (Hrsg.): Max Frisch. Sein Leben in Bildern und Texten. Berlin: Suhrkamp, 2011.

Werner Herzog: Lissabon. Literarische Streifzüge durch die Stadt. O.O.: O.V., 2002.

Unda Hörner: Auf nach Hiddensee! Die Bohème macht Urlaub. Berlin: Ebersbach & Simon, 72017.

Felix Huby/Hartwin Gromes: Die Kerners. Eine Familiengeschichte. Tübingen: Klöpfer & Meyer, 2018.

Ich bin an wenigen Orten daheim. Die Zürcher Kronenhalle in Geschichten. Frankfurt/Main: Weissbooks, 2010.

Mathias Iven: Hermann Hesse in Montagnola. Berlin: Edition Fischer, 2009.

Uwe Johnson: Eine Reise nach Klagenfurt. Frankfurt/Main: Suhrkamp, 1974.

Justinus Kerner: Sinnliches und Übersinnliches. Tübingen: Klöpfer & Meyer, 2012.

Richard Kölliker (Hrsg.): »Ich mag das Haschen nach Wind«. Spiritualität im Werk von Gerhard Meier (1917–2008). Zürich: Theologischer Verlag, 2016.

Ute Kröger: »Zürich, du mein blaues Wunder«. Literarische Streifzüge durch eine europäische Kulturstadt. Zürich: Limmat, 2004.

Gérard-Georges Lemaire/Hélène Moulonguet: Auf den Spuren von Franz Kafka in Prag. Hildesheim: Gerstenberg, 2002.

Gerhard Meier/Werner Morlang: Das dunkle Fest des Lebens. Amrainer Gespräche. Oberhofen: Zytglogge, 42007.

Gerhard Meier: Baur und Bindschädler. Amrainer Tetralogie. Oberhofen: Zytglogge, [4]2008.

Monika Melchert: Heimkehr in ein kaltes Land. Anna Seghers in Berlin 1947 bis 1952. Berlin: vbb, 2011.

Frauke Meyer-Gosau: Einmal muss das Fest ja kommen. Eine Reise zu Ingeborg Bachmann. München: C. H. Beck, 2008.

Volker Michels (Hrsg.): Hermann Hesse - Tessin. Betrachtungen, Gedichte und Aquarelle des Autors. Frankfurt/Main: Suhrkamp, [10]2016.

Wolfgang Mönninghoff: Das große Hans Christian Andersen Buch. Düsseldorf/Zürich: Artemis & Winkler, 2005.

Rainer Moritz: Mit Proust durch Paris. Stuttgart: Reclam, 2015.

Fernando Pessoa: »O Lissabon, du meine Heimstatt«. Der Dichter als Flaneur. Ausgewählt von Marie-Luise Flammersfeld. Zürich: Ammann, 2009.

Sunhild Pflug: Dr. med. Else Weil (1889–1942). Auf den Spuren von Kurt Tucholskys Claire aus »Rheinsberg«. Teetz/Berlin: Hentrich & Hentrich, 2008.

Marcel Proust: Auf der Suche nach der verlorenen Zeit. Übersetzt von Eva Rechel-Mertens. Revidiert von Luzius Keller. 7 Bände. Frankfurter Ausgabe. Frankfurt/Main: Suhrkamp, 1994-2001.

Marcel Proust: Auf der Suche nach der verlorenen Zeit. Übersetzt von Bernd-Jürgen Fischer. 8 Bände. Stuttgart: Reclam, 2013-2017.

Henri Raczymow: Le Paris littéraire et intime de Marcel Proust. Paris: Parigramme, 1997.

Harald Salfellner: Franz Kafka und Prag. Ein literarischer Wegweiser. Prag: Vitalis, 2004.

Regina Schaunig: »... wie auf wunden Füßen«. Ingeborg Bachmanns frühe Jahre. Klagenfurt: Heyn, 2014.

Rolf Schneider: Rheinsberg. Eine preußische Legende. Berlin/Brandenburg: be.bra, 2011.

Herbert Schnierle-Lutz: Auf den Spuren von Hermann Hesse. Berlin: Insel, 2017.

Sabine Scholl: Lissabonner Impressionen. Literarische Streifzüge. Düsseldorf/Zürich: Artemis & Winkler, 2005.

Bernd-Rüdiger Schwesig (Hrsg.): Reise Textbuch Kopenhagen. München: dtv, 1989.

Kurt Seeber: Burg Weibertreu. Rundgang, Geschichte, Inschriften. Aktualisiert von Manfred Wiedmann. Weinsberg: Justinus-Kerner-Verein und Frauenverein Weinsberg, 2006.

Anne-Catherine Simon: Schnitzlers Wien. Wien: Pichler, 2002.

Ulrich Sonnenberg: Hans Christian Andersens Kopenhagen. Frankfurt/Main: Schöffling, 2004.

Reiner Stach: Kafka von Tag zu Tag. Frankfurt/Main: S. Fischer, 2018.

Ernst Stöckmann: Anna Seghers in Adlershof. Berlin: Fischer, 2012.

Andrea Stoll: Ingeborg Bachmann. Der dunkle Glanz der Freiheit. Biografie. München: Bertelsmann, 2013.

Antonio Tabucchi: Wer war Fernando Pessoa? München: Hanser, 1992.

Jean-Yves Tadié: Marcel Proust. Frankfurt/Main: Suhrkamp, 2008.

Wolfgang Tschechne: Thomas Manns Lübeck. Hamburg: Ellert & Richter, 2009.

Christian Graf von Krockow: Rheinsberg. Ein preußischer Traum. Leipzig: Seemann, 1992.

Klaus Wagenbach: Kafkas Prag. Ein Reiselesebuch. Berlin: Wagenbach, [10]2015.

Frank Wagner u.a. (Hrsg.): Anna Seghers. Eine Biographie in Bildern. Berlin: Aufbau, [2]2000.

Manfred Welan/Peter Wiltsche: Das grüne Juwel. Der Türkenschanzpark und seine Denkmäler. Perchtoldsdorf: Plattform, 2016.

Ulrike Wiebrecht: Blankes Licht der Föhnbläue. In: Der Tagesspiegel, 13.9.2010.

Christiane Zehl Romero: Anna Seghers. Eine Biographie 1947–1983. Berlin: Aufbau, 2003.

Umschlagabbildung: Salon im Buddenbrookhaus, Lübeck
Frontispiz: Torre Camuzzi, Museo Hermann Hesse, Montagnola

Deutsche Originalausgabe

Ein Unternehmen der La Martinière Groupe

Projektleitung und Lektorat: Veronika Brandt, Knesebeck Verlag
Fotos S. 188–207: Andreas Licht, Paris
Alle weiteren Fotos: Anna Aicher, Berlin
Umschlaggestaltung: Fabian Arnet, Knesebeck Verlag
Layout, Satz und Herstellung: Arnold & Domnick, Leipzig
Druck: PNB Print Ltd
Printed in Latvia

ISBN 978-3-95728-056-5

www.knesebeck-verlag.de

FSC www.fsc.org
MIX
Papier aus verantwortungsvollen Quellen
FSC® C084698